你一定要懂的
地理知识

王贵水◎编著

北京工业大学出版社

图书在版编目（CIP）数据

你一定要懂的地理知识 / 王贵水编著. —北京：
北京工业大学出版社，2015.2（2021.5重印）
ISBN 978-7-5639-4178-0

Ⅰ.①你…　Ⅱ.①王…　Ⅲ.①地理—普及读物　Ⅳ.①K9-49

中国版本图书馆 CIP 数据核字（2014）第 303295 号

你一定要懂的地理知识

编　　著：王贵水
责任编辑：李周辉
封面设计：泓润书装
出版发行：北京工业大学出版社
　　　　　（北京市朝阳区平乐园 100 号　邮编：100124）
　　　　　010-67391722（传真）　bgdcbs@sina.com
出 版 人：郝　勇
经销单位：全国各地新华书店
承印单位：天津海德伟业印务有限公司
开　　本：700 毫米×1000 毫米　1/16
印　　张：11.5
字　　数：125 千字
版　　次：2015 年 2 月第 1 版
印　　次：2021 年 5 月第 2 次印刷
标准书号：ISBN 978-7-5639-4178-0
定　　价：28.00 元

前　言

　　纵横千万里，贯穿天地间。在浩瀚的宇宙中有一颗美丽的星球，它披着蓝色的面纱，孕育着无数的生灵，绕着太阳不断地转动。你们知道它是哪个星球吗？它就是地球。

　　诚然，地球是人类共同的家园，是人类诞生、劳动、繁衍生息的地方。在漫长的岁月里，人类生活在这个星球上，用无与伦比的智慧和勤劳认识并改变着它。

　　虽然人类生活在地球上，但是不用心注意的话，对地球的认识就很可能非常有限。譬如，日食和月食是怎么形成的？你知道地球的形状和大小吗？新的一天从地球上的哪里开始？地理大发现是怎么回事？为什么有些地方很冷，有些地方却很热？这些问题涉及天文、水文、地质、地貌、动物、植物、气象等多方面的知识。

　　地理是一门十分有用、有趣的科学。它研究的是以人类为中心的自然环境和人文环境。自古以来，人们经常用"上知天文，下晓地理"来形容一个人学识的渊博。从实用的角度来说，人类就是地理环境的一部分，地理知识就在人们的身边，无处不在。在日常生活中掌握并运用地理知识的益处俯拾即是。譬如2004年12月26日，一个年仅10岁的英国小女孩蒂莉·史密斯，运用刚学到的有关海啸的地理知识，拯救了100多个在海边玩兴正浓的游客。地理知识已经成为现代人不可缺少、终身受用的知识素养之一。

本书详细介绍了地理世界。全书分门别类地向读者介绍了地球、海洋、草原、高原、沙漠、山脉、江河湖泊、沼泽和湿地等地理知识，让读者通过清新的文字叙述了解地球在漫长岁月中的起源、发展和演变，地球"身上"各个部位的形成、特点和分布以及它与所处的大环境——宇宙、银河系、太阳系的天体之间的关系。

　　本书力求熔学术、知识、趣味和探索于一炉，让广大地理知识爱好者对自然地理、对自己所在的星球有一个比较全面的、客观的认识和了解。只有更好地了解自己的家园，才能更好地保护它、建设它！

目　录

第一章　你要知道的地球常识

第二章　陆地和海洋

第三章　气象和气候

第一章

你要知道的地球常识

地球是太阳系八大行星之一，远在 46 亿年以前起源于原始太阳星云。地球会与外层空间的其他天体相互作用，包括太阳和月球。地球是地球生物的家园，是目前宇宙中已知存在生命的唯一天体。

宇　宙　起　源

　　宇宙是如何起源的呢？这是从古代哲学家到现代天文学家一直都在苦苦思索的问题。经过了哥白尼、赫歇耳、哈勃的从太阳系、银河系到河外星系的探索宇宙三部曲，宇宙学已经不再是幽深玄奥的抽象哲学思辨，而是建立在天文观测和物理实验基础上的一门现代科学。

　　到 20 世纪，出现了两种比较有影响的"宇宙模型"。一是静态模型，一是大爆炸模型。20 世纪 20 年代后期，爱德温·哈勃发现了红移现象，说明宇宙正在膨胀。20 世纪 60 年代中期，阿尔诺·彭齐亚斯和罗伯特·威尔逊发现了"宇宙微波背景辐射"。这两个发现给大爆炸理论以有力的支持。

　　现代宇宙系当中最有影响的一种学说是大爆炸模型，又称大爆炸宇宙学。根据大爆炸宇宙学的观点，大爆炸的整个过程是：在宇宙的早期，温度极高，在 100 亿度以上。物质密度也相当大，整个宇宙体系达到平衡。宇宙间只有中子、质子、电子、光子和中微子等一些基本粒子形态的物质。但是因为整个体系在不断膨胀，结果温度很快下降。当温度降到 10 亿度左右时，中子开始失去自由存在的条件，它要么发生衰变，要么与质子结合成重氢、氦等元素；化学元素就是从这一时期开始形成的。温度进一步下降到 100 万度后，早期形成化学元素的过程结束（见元素合成理论）。宇宙间的物质主要是质子、电子、光子和一些比较轻的原子核。当温度降到几千度时，辐射减退，宇宙间主要是气态物质，气体逐渐凝聚成气云，再进一步形成各种各样的恒星体系，成为今天看到的宇宙。大爆炸模型能统一地说明以下几个观测事实：

（1）大爆炸理论主张所有恒星都是在温度下降后产生的，因而任何天体的年龄都应比自温度下降至今天这一段时间为短，即应小于150亿年。各种天体年龄的测量证明了这一点。

（2）观测到河外天体有系统性的谱线红移，而且红移与距离大体成正比。如果用多普勒效应来解释，那么红移就是宇宙膨胀的反映。

（3）在各种不同天体上，氦丰度相当大，而且大都是30%。用恒星核反应机制不足以说明为什么有如此多的氦。而根据大爆炸理论，早期温度很高，产生氦的效率也很高，则可以说明这一事实。

（4）根据宇宙膨胀速度以及氦丰度等，可以具体计算宇宙每一历史时期的温度。大爆炸理论的创始人之一 G. 伽莫夫曾预言，今天的宇宙已经很冷，只有绝对温度几度。1965 年，果然在微波波段上探测到具有热辐射谱的微波背景辐射，温度约为 3K。

大爆炸理论认为，宇宙起源于一个单独的无维度的点，即一个在空间和时间上都无尺度但却包含了宇宙全部物质的奇点。至少是在 120 亿～150 亿年以前，宇宙及空间本身由这个点爆炸形成。在一次无与伦比的大爆炸中分裂成无数碎片，形成了今天的宇宙。1948 年，俄裔美籍物理学家 G. 伽莫夫等人，又详细勾画出宇宙由一个致密炽热的奇点于 150 亿年前一次大爆炸后，经一系列元素演化到最后形成星球、星系的整个膨胀演化过程的图像。但是该理论现在仍存在许多使人迷惑之处。

银 河 系

银河系是太阳系所在的恒星系统，包括约 2000 亿颗恒星和大量的星团、星云，还有各种类型的星际气体和星际尘埃。它的可见物质的总质量是太阳质量的 1400 亿倍。在银河系里，大多数的恒星集中在一个扁球状的空间范围内，扁球的形状好像铁饼。扁球体中间突出的部分叫"核球"，核球的中部叫"银核"，四周叫"银盘"，银盘的直径约为 40 千秒差距。在银盘外面有一个更大的球形，那里星少、密度小，称为"银晕"，直径约为 30 千秒差距。银河系是一个旋涡星系，具有旋涡结构，包括 4 条旋臂，旋臂相距约 1.6 千秒差距。其各部分的旋转速度和周期，因距银心的远近而不同。太阳距银心约 8.5 千秒差距，以 220 千米/秒的速度绕银心运转，运转的周期约为 2.4 亿年。

有史以来，人类就从未间断过对银河系的探究，特别是对地球、月球、太阳及太阳系其他成员所进行的科学观测和研究，解释了银河系里的一个又一个秘密，使得银河系越来越清楚地展现在人们面前，把人类从迷信和愚昧中解放出来。尤其是自 20 世纪 50 年代以来，人造卫星、宇宙飞船和空间探测器接连不断地发射上天，对银河系中的许多天体进行了广泛的探测和考察，获得了大量的崭新资料，使人们对这些天体的认识又有了新的飞跃。

如果人们用肉眼粗扫一下天空，好像看到了天空中所有的星星。没有什么地方的星星看上去特别密，也没有什么地方的星星看上去特别稀。由此可得出结论，对人类而言，星星在各方位是平均分布的；而且，如果星星作为一个整体能够构成具有一定形状的集合体，那么此形状一定是球形。显然，所有大的天体都近似为球体，为什么不能把整个银河系看作一个球体呢？

当然，人类用肉眼看到的星星仅有几千颗，这些星星大都是离人类相当近的。如果使用望远镜会发现什么呢？答案是看到了更多的星星，而且它们好像也是均匀地分布在天空中的——除了银河。用肉眼观察，银河是一条弱光带（如今，如果我们居住在城市里，就很难看到银河了，这是因为天空被人工照明映亮了），它看上去是淡乳白色。

但是，真正的银河是什么呢？古希腊哲学家德谟克利特大约于公元前 440 年提出银河实际上由大量的星星组成，这些星星无法被逐个分辨，但是它们聚集起来发出柔和的光。虽然这个观点没引起人们的重视，但是它恰恰是完全正确的。在 1609 年，伽利略把第一架望远镜对准天空并发现银河容纳了极大数量的星星时，这个理论被证实了。

人们看夜空时的第一印象是星星是数不清的，它们太多了以至于无法计算。可那就意味着它们是数不清的吗？

在银河方向的星星非常密，但在其他方向上星星就相对稀少了，这意味着必须抛弃形成球状结构的星体的整体概念。如果是那样，各个方向上的星星数目与银河方向上的星星数目应该一样多；而且，随着较近的星星以弱光为背景而闪烁着，整个天空将被照亮。

那么，必须假设星星存在于非球状的大星团中，且在银河方向上比在其他方向上延伸得更远。既然是这样，那么银河显示出星星都聚集成透镜形或汉堡包形。这种透镜形的星团被称为银河系，同时由于人们看到的环绕天空的暗光带的原因，银河这个名字被保留下来了。

第一个提出星星存在于掩光星系中的人是掩光天文学家托马斯·赖特。他于1750年提出该建议，但他的想法好像很混乱和不可理解，以至于开始时很少有人注意他。当然，即使银河系是透镜形的，它也可以永远在长径方向上延伸。尽管在银河的外面只看到比较少的星星，但在银河内部却存在着无数的星星。

为了说明问题，威廉·赫歇耳统计了一下星星的数目。自然，在一定时间内，指望数清所有的星星是不可能的。

赫歇耳选择了若干个小区域，它们均匀地分布在天空中，然后统计每一区域里用望远镜看到的星星。用这种方法，他得到了现在称为"天空中的假想的民意测验"的星星数目。这是第一个把统计学应用于天文学的例子。

赫歇耳认为每个区域里的星星的数量与它接近银河的程度有关。在所有方向上，星星数目随趋近银河程度的增加而稳步地增长。从他统计的星星数目上看，可以估算出银河系的星星的数目及银河系可能有多大。1785年，他宣布了结果，并提出银河系的长径大约是太阳到天狼星的距离的800倍，短径是此距离的150倍。半个世纪后，天狼星的实际距离被算出来了，可得出赫歇耳认为的银河系的长径是8000光年，短径为 1500 光年。虽然这是个巨大的数目，但不是不可数的。

在近两个世纪内，天文学家用比赫歇耳所能用的好得多的仪器和技术探索了银河系，如今了解到银河系比赫歇耳所料想的要大得多。在长径方向上至少延伸出 10 万光年，可能拥有 2000 亿颗星。不过可以说，确认银河系及星星不是无数而是可计算的，这是赫歇耳的功劳。

太阳系有哪些成员

太阳系，由太阳、大行星及其卫星、小行星、彗星、流星体和行星际物质构成的天体系统。太阳是太阳系的中心天体，占总质量的 99.86%，其他天体都在太阳的引力作用下绕其公转。太阳系中只有太阳是靠热核反应发光发热的恒星，其他天体要靠反射太阳光而发亮。太阳的角动量只占整个太阳系的不足 2%，而质量占 0.14% 的其他天体的角动量却占 98% 以上。

太阳系中的大行星，按距太阳远近排列依次为水星、金星、地球、火星、木星、土星、天王星、海王星。它们到太阳的平均距离符合提丢斯-波得定则。按性质不同可分为三类：类地行星（水星、金星、地球、火星）体积和质量较小，平均密度最大，卫星少；巨行星（木星、土星）体积和质量最大，平均密度最小，卫星多，有行星环，自身能发出红外辐射；远日行星（天王星、海王星）的体积、质量、平均密度和卫星数目都介于前两者之间，天王星和海王星也存在行星环。九大行星都在接近同一平面的近圆形的椭圆轨道上，朝同一方向绕太阳公转，即行星的轨道运动具有共面性、近圆性和同向性，只有水星稍有偏离。太阳的自转方向也与行星的公转方向相同。地球、火星、木星、土星、天王星和海王星的自转周期都在 10～24 小时，但水星和金星的自转周期分别为 58.6 天和 243 天。多数大行星的自转方向与公转方向相同，但金星相反，天王星的自转轴与轨道面的交角很小，呈侧向自转。除水星和金星外，其他大行星都有自己的卫星。

　　太阳系内还存在为数众多的小质量天体，主要集中在火星和木星的轨道之间。已准确测出轨道并正式编号的小行星有 12 万颗，可分为碳质小行星和石质小行星两类，其质量总和约为地球的 0.04％。目前已发现的彗星的轨道倾角和离心率彼此相差很大，有些彗星的轨道是双曲线的或抛物线的，一些长周期或非周期彗星是逆向公转的。太阳系内还有多得难以计数的流星体，有些流星体成群分布，称流星群，已证实一些流星群是彗星瓦解的产物。流星体一旦落入地球大气层便成为流星，大的流星体落到地面成为陨石。另外，在行星际空间还弥散着稀薄的气体和尘埃，主要集中在黄道面附近，晴朗无月的夜晚可观测到的黄道光就是由它们产生的。

神秘的日食和月食

　　当月球运动到太阳和地球中间，如果三者正好处在一条直线时，月球就会挡住太阳射向地球的光，月球身后的黑影正好落到地球上，这时就会发生日食现象。月食是一种特殊的天文现象，指当月球运行至地球的阴影部分时，在月球和地球之间的地区会因为太阳光被地球所遮蔽，就看到月球缺了一块。此时的太阳、地球、月球恰好在同一条直线上。月食可以分为月偏食、月全食和半影月食三种。月食发生在农历十五或十六。

在自然现象中，日全食绝不是什么罕见的事情，大约每一年半就在世界的某个地方发生一次日全食。当发生日食时，月球正运行在地球和太阳中间，月球椭圆形的影子投影到地球表面。由于地球和月球都在运动，所以月球的影子以很快的速度扫过地球表面。在投影扫过的区域内，人们就可以看到日全食。投影扫过的这片长条形区域称为全食带。由于全食带很窄，一般为几十至几百千米，所以对于在地球上某一特定区域的人们来说，要几百年才能见到一次日全食。

日食的开始是默默无闻的。在太阳的西边缘，由月影产生一个小小的缺口，这意味着月球已开始侵占太阳表面了。这个小缺口在逐渐增大，直到约一个半小时后，太阳的表面几乎完全被侵占，只剩一条蛾眉月形的亮带。以上构成了日食的偏食阶段。接下来直到全食发生的几分钟是很壮观的：气温骤然下降、天空变暗、群星浮现、一团淡黄色的薄雾笼罩着远方的地平线。鸟儿们由于突然来临的黑暗而不知所措，四处乱窜寻找着自己的家。一切都好像在刹那间肃静了下来。当窄窄的弯月形的光边穿过月面上粗糙不平的谷地时，就变成一系列的小珠子。这些光斑成为"贝利珠"。日食的观测日食的观测方法有多种。直接用肉眼观测是很危险的。在每次日食的时候，总有些人因用肉眼直接观测而使视网膜受损。人的晶壮体像凸透镜一样把阳光聚焦在视网膜上。当直视太阳时，会烧伤视网膜，损伤视力，严重者可导致失明。在偏食阶段，你可以用望远镜投影的方法来观看。小孔成像法、在脸盆里放稀释的墨水法也可以观看。最普通的方法是用熏黑的玻璃、磁盘盘芯、照相底片或焊工的防护玻璃。当日全食发生时，你就可以用肉眼观看了。这时，太阳的光亮已降低到满月的程度，月球像个黑盘子挡住了太阳的光球。唯一可见的是太阳的日冕，一个非常漂亮的太阳外层大气。

日食发生在新月时，也就是农历初一左右；月食发生在每月十五左右，这时，月球运行进地球的阴影中。由于地球在月球轨道处的投影总比月球大，所以月环食的情况是不会发生的。尽管月全食在发生频率上比日全食少，但对住在某个地区的人们来说更有机会看到月全食。

如果观看日全食，你必须到那窄窄的全食带中去，而对于月全食，只要是处于面对月球的那一半地球的人来说都可以看到。在月食时，地球的阴影逐渐蚕食掉月面，使夜空变暗。由于地球大气层对光线的散射作用，使太阳余光可照射到处于地球阴影中的月球上，从而使日全食时的月面不是全黑而是呈现一种古铜色。即使仅通过一个小望远镜，看到的月面也是非常漂亮的。

地球的秘密

地球就是人类正踩在脚下的行星。人们在上面生活，呼吸着它的空气，喝着它表面的水，对它是最熟悉不过了。

当然，地面上的人们不可能一眼看出大地是球形的。只有当航天员乘航天飞机飞出地球，才可以清楚地看到它是个圆球；如果飞到月球上或更远的行星上，才能亲眼看到地球是个行星在天空中，绕太阳运动着。

在广阔无际的宇宙中，地球又恰似一颗微尘。地球的历史一般认为有 46 亿年，它在太空中运行几十亿年中，既受别的天体（如太阳）吸引，又吸引别的天体（如月球）；既受万有引力作用，又受离心力作用。互相保持着平衡，在自己的轨道上有条不紊地运行着。整个太阳系，乃至整个宇宙组成一个着不见，摸不着的有机网络，地球就在网络中的一个网节下。

地球的赤道半径约为 6378 千米，体积是 1.083×10^{21} 立方米，质量为 5.976×10^{24} 千克，自转周期约为 23 时 56 分 4 秒平太阳时，公转周期为 365.25 个平太阳日，公转平均速度为 29.79 千米/秒。

地球环绕太阳转一圈是一个回归年，叫作一个恒星年。在这一年中，人们能看到星空斗转星移，同样的天空图景在一年后会再次重现。

地球同时也绕自己的轴心在旋转，自西向东转一周就是地球上的一天。人们观察到日、月东升西落，昼夜交替，面向太阳一面是白昼，背向太阳一面是夜晚。

地球斜着身体绕太阳公转，自转轴与公转轨道面的垂直方向有 23°27′ 的黄赤夹角。于是，地球有了四季的变换。当太阳正对地球北半球直射时，就是北半球的夏季及南半球的冬季；反过来，当太阳直射南半球时南半球转为夏天，北半球进入冬天。地球上大部分地区就有了春夏秋冬的更替、寒来暑往的变化，人们按得到太阳光的多少和昼夜的长短把地球分为热带、温带和寒带，中国绝大部分地区在温带。

什么是阳历

太阳历又称为阳历，是以地球绕太阳公转的运动周期为基础而制定的历法。太阳历的历年近似等于回归年，一年分为 12 个月，这个"月"实际上与朔望月无关。阳历的月份、日期都与太阳在黄道上的位置较好地符合，根据阳历的日期，在一年中可以明显看出四季寒暖变化的情况；但在每个月份中，看不出月亮的朔、望、两弦。如今世界通行的公历就是一种阳历，平年 365 天，闰年 366 天，每 4 年闰一次，每满 100 年少闰 1 次，到第 400 年再闰，即每 400 年中有 97 个闰年。公历的历年平均长度与回归年只有 26 秒之差，要累积 3300 年才差 1 日。

在天文学上，阳历指主要按太阳的周年运动来安排的历法。它的 1 年有 365.2 日。阳历是根据太阳直射点的运行周期而制定的，其平均历年为 1 个回归年，其历年有两种，一种是平年，一种是闰年，闰年和平年仅差一天。

人们通常所说的阳历，即格里历，为现行公历，由罗马教皇格列高利十三世在 1582 年颁行。该历法基于一年有 365.2425 日，而并非刚刚好的 365 日，故每 4 年有 1 次闰年，即每年 2 月多了第 29 日。经过四年一闰后，已修正为 365.25，但仍有误差，故每 100 年就会减 1 个闰年，即 1700 年、1800 年、1900 年等均没有闰年，再修正后为 365.24 日。最后每 400 年加回 1 个闰年，即 1600 年、2000 年、2400 年等均有闰年，最后修正为 365.2425。仍有 0.0003 的误差，需要约 3000 年才会出现一天误差，所以已经很准确了。

中国的阳历有四种：干支历、十二气历、天历和彝族太阳历。

干支历的形成有一个过程，它由纪日开始。干支纪日早在商代的时候就已经出现，春秋战国时期已采用十二辰纪月，而十二辰加时制度至迟西汉时已被采用。从西汉末至今，中国人一直用干支来纪年。唐代以后，五代历书月名开始注以干支，北宋时又将十干十二辰配合以纪时，至此，年月日时分别全以干支注记，干支历日趋完整。几千年来，中国的干支纪时与历法数序纪时既互相配合又各自成系统。实际上，干支纪时系统是中国特有的阳历历法体系，又称为节气历。它以立春为岁首，交节日为月首。年长即回归年，一节一中为一月。在节气历中，年月日全由太阳视运动决定而与太阴月相无关。但它又与通常的阳历（如公历）不同，后者的月长是由人为规定而与天象无关。所以它是有中国特色的阳历。目前，干支历依旧流行于大部分万年历、历书中。

十二气历由北宋杰出的科学家和政治家沈括在宋神宗时期所创。沈括见前朝的旧历法是以十二次的月亮圆缺为一年的标准，虽经多次小改革但有气朔交争，且岁年错乱，四时失位且又算数过程过繁。沈括便决心首先废除先圣所遗留下来以十二朔望月为一年的阴历年法之历算法，改以二十四个节气的定年法，此法是不管月亮的朔望而直接以十二气历之天象，把十二个气历中的二十四个节气为年制，不以月亮圆缺为标准而只管时令节气，后再按节气定月并以立春日为每年的元旦。此种新法不但简易端平，且对于农事又极为有利。但当时司天监的不少世袭的墨守成规的司天监庸官大力反对，不但对于沈括之才能十分嫉恨，且纠合起来进行阻挠，又多次借故上告神宗言沈括的不是。后来，此新历法虽实行不久便又被修改掉。

天历其实是十二气历，在 1855 年被太平天国所颁布使用，后又传至英国。

地球是什么形状的

人们生活在地球上，头顶上是蔚蓝色的天空，脚底下是广阔的田野，使人感到大地似乎是个巨大的平面。古时候，希腊人认为大地是个盾形的大圆盘，天空就好像一个圆形的大屋顶罩在大地上。中国古代也有"天圆地方"的说法。

后来，人们逐步认识到，大地和海面都是球面，而不是平面。人们发现，站在海边眺望从远方驶来的船只，总是先看到船的桅杆，然后才能看见船身，这说明海面不是平的，是弯曲的；月食的时候，地球投在月亮上的影子也是圆形的。16世纪初，葡萄牙航海家麦哲伦率领船队绕地球航行了一周；以后，人们又在空中、海上向着不同方向进行了多次环球旅行，证实了大地是球形的。现在，在航天飞机上，航天员们亲眼看到了地球是个悬在宇宙空间的巨大的蓝色球体。上面有蓝色的海和白色的云，在没有云块遮挡的情况下，还可以看到地球上的海陆轮廓。

实际上，地球并不是一个正圆的球体，而是一个赤道略鼓、两极稍扁的椭球体。南半球比北半球稍大，靠近南极的地方略微凹进去一些，而靠近北极的地方又稍往外凸一些，中部赤道地区膨大外突。对这个形态独特的球体，科学家起了个名字叫"地球体"。

陆地和海洋哪个面积大

站在原野上极目远望，只见绿色的麦浪一望无际，苍翠的群山绵延不断，感到大地是多么的宽广；同样，站在海边遥望大海，但见波涛滚滚，碧海蓝色，也会感到海洋是多么的辽阔。这时候，人们很自然地就会提出一个疑问：地球上的陆地和海洋究竟哪个面积大呢？

打开世界地图可以看到，地球上的陆地，一块块地散布在世界的海洋上。这些陆地，大块的叫大陆，小块的叫岛屿。全世界共有六块大陆，它们是东半球的亚欧大陆、非洲大陆、澳大利亚大陆，西半球的北美大陆和南美大陆，以及地球最南端的南极大陆。亚欧大陆是世界上面积最大的大陆，澳大利亚是面积最小的大陆。比澳大利亚大陆面积小的陆地，就叫作岛屿了。地球上的岛屿多得数不清，足有几万个，它们的总面积有970多万平方千米，和中国的面积差不多。地球上大陆和岛屿的面积加起来约14900万平方千米，相当于15个中国。大陆和它附近的岛屿合起来叫大洲。亚欧大陆虽然是一个整块的陆地，却又分为亚洲和欧洲两个大洲。这样，世界上的大陆是六个，而大洲是七个，即：亚洲、欧洲、北美洲、南美洲、大洋洲、南极洲、非洲。

地球上的海洋有多大呢？人们习惯上把环绕在陆地周围的广大水面叫作海洋。其实，"海"和"洋"是既不能截然分开，又不是完全相同的两个概念。"洋"是世界海洋的主体；而"海"是"洋"的一部分，分布在大洋的边缘，和陆地紧紧相连，面积和深度比大洋要小得多。地球上的大洋是相互通连的，分为太平洋、大西洋、印度洋和北冰洋四个大洋。其中，太平洋的面积最大，有18000多万平方千米，比地球上陆地面积的总和还要大。世界海洋的面积约相当于38个中国，约3.6亿平方千米，约占地球表面积的71%。陆地面积只占29%，海洋的总面积差不多是陆地面积的两倍半。

地球上的大陆漂移过吗

如果仔细观察一下世界地图，你就会发现一个有趣的现象：南美洲大陆东北凸出的部分和非洲西部几内亚湾凹进去部分的轮廓线，两者拼合在一起，大体上是吻合的；北美洲的东部与欧洲西部的轮廓也能拼合在一起。这是怎么回事呢？是巧合吗？勤于思考的人是从不放过任何一个疑问的。自 17 世纪以来，许多科学家都在探索、研究这个奇怪的现象。

经过研究，人们发现，南美洲的东北部和非洲的西南部虽然被浩渺的大西洋隔开，但是地质构造、岩层排列的顺序和形成的时间却是惊人地相似。这两个大陆的基底都是古老的花岗岩和片麻岩，在 3 亿多年前都被冰川覆盖过，后来又都生长过茂密的森林，形成了煤层，1 亿多年前又同时被海水所淹没，直到 7000 万～8000 万年前，两块地方才有不同的发展历史。从研究地层中的化石也发现，这两个地方还有着许多完全相同的动物化石。在亿万年前，一些生活在淡水中的爬行动物、鱼类、蛙类等是不大可能远涉重洋，在两大洲之间来来往往的。怎么解释这种现象呢？只有一个合理的解释，那就是：这些陆地原来是连在一起的，只是后来才分开了。

1912 年，德国科学家 A. L. 魏格纳提出了一个大胆的设想。他认为，大约在 2 亿年以前，地球上的大陆本来是一个整体，周围是一片广阔的海洋。在距离现在 2 亿多年时，这块大陆开始分裂，分裂出来的陆块各自向着不同的方向漂移，经过了漫长的地质年代的变化，才逐渐形成了今天人们所见到的七大洲、四大洋的海陆分布状况。这就是著名的"大陆漂移说"。

"大陆漂移说"虽然回答了前面提出的问题，但是人们又产生了新的疑问：是什么力量使这些由坚硬岩石组成的大陆分裂开来而且漂移得这样远呢？魏格纳用太阳和月球的引力来解释大陆漂移的动力，但这种解释不能让人信服，于是轰动一时的"大陆漂移说"逐渐被人们忘记了。

　　那么到底是什么力量使大陆发生了漂移呢？近年来，地球物理和海洋地质研究的成果回答了这个问题。人们居住的地球是由地壳、地幔和地核三部分组成的。地幔的下部，温度和压力都很高，如同一个大熔炉，一切东西在这里都熔化了，熔融的物质又稠又黏，叫作软流层。而地壳和地幔上部的坚硬岩石，比重要比软流层小，一块一块漂浮在地幔软流层上面，并且处于不断运动之中，人们称它们为"板块"。法国的科学家勒皮顺把地球上的岩石层划分为六个大板块：亚欧板块、美洲板块、非洲板块、印度洋板块和南极洲板块。板块和板块相交的地方，有的是地壳上巨大的水平断层，有的是深达上万米的海沟，有的是海底山脉山脊上的幽深裂谷。这些地方是地球上地壳最薄的地方，也是地壳运动最活跃的地区，经常发生地震和火山活动。更有趣的是，这些地方也是地壳新生和消亡的地区。在海底山脉的山脊处，有着比两侧山脊低的深谷，这里地壳的厚度可能还不到100米。地下炽热的岩浆从裂缝里涌出地面，贴在裂谷的两侧，逐渐冷却形成新的地壳。岩浆不断地上涌，也就不断地推动着两侧的板块向相反的方向移动。1974年，科学家潜入大西洋的裂谷中，亲眼看到了刚刚冷却了的岩浆如同蛋黄一样到处都是。随着海底的不断扩张，地球上的板块就像坐在"输送带"上一样，不断地漂流移动。有人也许会问：海底不断地扩张，亿万年后，地球上的陆地不是就没有了吗？这用不着担心，因为在海洋板块和陆地板块交界的海沟地区，海洋板块钻到了大陆板块的下面，在地下深处高温高压的作用下又慢慢地熔化了。而地球上的大陆随着地壳上板块的移动，不断地发生漂移。

有的科学家还预言，到千百万年以后，美洲的西海岸将同日本、菲律宾连在一起，太平洋就从地球上消失了；而红海和东非大裂谷将会变成像太平洋一样浩瀚的大洋。

这些学说虽然解释了大陆漂移的现象和原因，但是没有解决的问题还很多，还需要未来的科学家作进一步研究和探讨。

什么是经纬度

什么是经纬度呢，这要先从经纬线谈起。

在地球仪上，你可以看到一条条纵横交错的线，这就是经纬线。连接南北两极的线叫经线，和经线相垂直的线叫纬线。纬线是一个个长度不等的圆圈，最长的纬线就是赤道。

经线和纬线是人们为了在地球上确定位置和方向，在地球仪和地图上画出来的，地面上并没有画着经纬线。不过，你想要看到你所在地方的经线并不难：立一根竹竿在地上，当中午太阳升得最高的时候，竹竿的阴影就是你所在地方的经线。因为经线指示南北方向，所以经线又叫子午线。

在地图上，通过地球表面上任何一点，都能画出一条经线和一条与经线相垂直的纬线。这样，就能画出无数条经线和纬线来。怎么样才能够区别出这些经线和纬线呢？最好的办法是给每一条经线和纬线都起上一个名字，这就是经度和纬度。用经度表示各条经线的名称，用纬度表示各条纬线的名称。

国际上规定，把通过英国格林尼治天文台原址的那条经线叫作0°经线，也叫本初子午线。从0°经线向东叫东经，向西叫西经。由于地球是个球体，所以东、西经各有180°。东经180°和西经180°是在同一条经线上，那就是180°经线。

最长的纬线圈是赤道，叫作0°纬线。从赤道向北度量的纬度叫北纬，向南的叫南纬。南、北纬各有90°。北极是北纬90°。

由于经线连接南北两极，所以，所有的经线长度都相等，都表示南北方向。纬线都表示东西方向。经线和纬线互相垂直、互相交织，就构成了经纬网。人们在阅读地图的时候，就可以借助经纬网来辨别方向，也可以判断出地球上任何一点的经纬度位置。

经线和纬线还可以把地球划分成几个不同的半球。像切西瓜一样把地球沿赤道切开，赤道以北的半球叫北半球，赤道以南的半球叫南半球。如果沿西经20°和东经160°经线把地球切开，由西经20°向东到东经160°的半球叫东半球，另一个半球叫西半球。

了解了经纬度的知识以后，如果有人问你："我们伟大祖国的首都在哪儿？"你就可以回答他：北京在北纬39°54′、东经116°24′的交叉点上。

世界各地的时间都是一样的吗

一架从巴黎飞来的客机在北京机场着陆了。旅客们走下飞机以后，都不约而同地把自己的手表拨快了七个小时。这是怎么回事呢？他们的手表都慢了吗？

要回答这个问题，还得从地球自转谈起。

地球昼夜不停地自西向东自转，居住在地球上的人也在跟着地球不停地转动。但是，人们并不感觉自己在转动，只能看到一轮红日每天东升西落。人们习惯上把太阳从东方升起的时刻叫作早晨，把太阳正对头顶的时刻叫作中午或正午。也就是说，人们总是用太阳在当地天顶上的位置来判断时间的。这种根据当地正午时刻来决定的时间，只适用于当地，叫作地方时间。由于地球是个球体，除了住在同一经线上的人以外，地球上的人不可能同时看到太阳的升落。每天，北京正午太阳当空的时候，巴黎的天空才刚刚出现一缕晨光，而纽约正好是半夜。

世界各地太阳出现在头顶的时刻不同，因而各地的地方时也就各不相同，这给人们的国际交往、通信联络等带来很多不方便。

1884 年，世界的天文学家们召开了一次国际会议，大家共同商定，以 0°经线的地方时作为世界的标准时间，叫作世界时间，以代替各地的地方时间。

但是，如果全世界都用统一的世界时间，也会出现问题。当位于 0°经线的伦敦是中午 12 时的时候，北京已是夜幕降临的时刻了，试想，把天黑时刻叫作正午，对住在北京的人该有多么不习惯啊！所以，国际上又规定了标准时区。

全世界共划分出 24 个时区，每个时区跨经度 15°，相邻时区的时间相差 1 小时。以 0°经线为中央经线的时区为零时区或中时区，零时区的范围是从西经 7.5°至东经 7.5°。位于零时区内的地方，都统一使用 0°经线的地方时。从零时区向东叫东时区，依次划分为东一区至东十二区；向西叫西时区，依次划分为西一区至西十二区。东、西十二区是一个时区，以东西经 180°为中央经线。有了标准时区以后，只要知道两个地方各在哪个时区内，就能很快说出这两个地方的时间差来。比如，北京在东八区内，巴黎在零时区内，北京和巴黎的时差是 8 小时。当北京是早上 8 时的时候，巴黎应该是夜里零点。

那么为什么从巴黎到北京的旅客，只把自己的手表拨快 7 个小时呢？原来，标准时区在实际应用时，往往是根据各国的需要而决定的。法国虽然大部分领土位于零时区内，但它却使用东一区的标准时间。所以，实际上巴黎和北京的时差是 7 小时，而不是 8 小时。

有的国家虽然地跨几个时区，但却用统一的时间。比如中国，为了计时方便，全国都使用东八区的标准时间，也就是用东经 120°的地方时作为统一时间，叫作"北京时间"。

有的国家，例如俄罗斯、美国和加拿大，全国没有统一的时间。俄罗斯全国共使用 11 个时区的标准时间，而且都把所在时区的原有标准时间提前一个小时。比如，圣彼得堡地处东二区，但使用的是东三区的时间。北京和圣彼得堡本应相差 6 小时,而实际上只差 5 小时。美国全国使用 6 个时区的标准时间,并且到了夏天把原来的标准时间提前 1 小时。中国实行夏令时期间,也是把时针拨快 1 小时。

有的国家并不使用以时区为单位的标准时间,而是以自己国家中的某一条经线的地方时间作为全国统一的时间。像印度、伊朗、缅甸、印度尼西亚等国都是这样。

现在你可以知道,时差是个既复杂又有趣的问题,但只要你能对照地图反复练习,就可以很快掌握计算两地时差的奥秘。

地球上新的一天从哪里开始

地球是个球体,每时每刻都在不停地自西向东旋转。由于各个地方见着太阳的时刻不同,所以各自都有着自己的黎明、正午、黄昏和午夜。在人类的生产活动还不发达的时候,并不感到有什么不方便。随着人类活动范围的扩大,一系列难于解决的问题就出现了。

1591 年 9 月,一支船队在麦哲伦的率领下从西班牙出发了。他们向西跨过大西洋,横渡太平洋,穿越印度洋,历尽千辛万苦,用了近 3 年时间,围绕地球航行一周,回到了西班牙。水手们在回到祖国这一天,发现了一件怪事:他们的航行日记上记载着这一天是 1522 年 9 月 6 日,而西班牙的日历上这一天却写着是"9 月 7 日"。水手们怎么也不明白,他们为什么会丢了一天。

这一天哪儿去了呢？是水手们在与惊涛骇浪的搏斗中记错了日子吗？不，不是，水手们矢口否认。那是怎么回事呢？原来，他们的的确确就是在船上度过了 1023 天，迎来了 1023 个日出，而不是 1024 个。道理很简单，由于他们每天都在追着太阳向西航行，所以，他们每天的黄昏总要来得晚些，也就是他们度过一天所用的时间比别人要长些，大约一天平均要长 1 分钟多。这 1 分钟多的时间对船上的人几乎没有什么影响，他们也根本感觉不出来，但是，3 年积累起来，船上的人就比别人少过了一个昼夜。如果船是自西向东航行，在绕行地球一周以后，他们还要比别人多过一个昼夜。现代的人懂得地球自转的道理，对这个现象不会感到太惊奇，但对于几百年前的人来说，怎么也弄不明白这到底是怎么回事。

由于每个地方都有自己一天开始的时刻，所以就会出现闹别扭的时候。美洲大陆被发现以后，欧洲的移民大量迁入。英国人从东向西到达那里，俄国人经过白令海峡，从西向东到达那里。在阿拉斯加，英国人和俄国人时常为今天是星期几而闹意见，英国人说是星期天的时候，俄国人说是星期一。这个矛盾怎么也解决不了。从这里可以看出来，全地球上的人有必要规定一个新的一天开始的地方。

世界的天文学家们在 1884 年的国际会议上规定了一个地方，作为地球上新的一天的起点，并且命名这个地方叫"国际日期变更线"，也叫日界线。"国际日期变更线"大体和东西经 180°线一致。为了不使一个国家出现两个日期，这条线在穿过俄罗斯和美国阿拉斯加之间地区及太平洋上一些岛屿时，有些曲折。当国际日期变更线上到达零点时，就宣告地球上新的一天开始了。

有了国际日期变更线，还必须遵守一个规定，才能使地球上各地的日期不出现混乱，这就是：轮船或飞机从东向西越过国际日期变更线时，日期要增加一天，也就是要多撕一页日历，从西向东越过国际日期变更线时，日期要减一天。举一个例子，当英国伦敦（0°经线处）是1月1日中午12时的时候，国际日期变更线上正是午夜。但是，国际日期变更线两侧的日期是不同的。国际日期变更线以西，由于它在0°经线的东面，时间与0°经线处相比差12个小时，这时已经度过了1月1日，正是1月2日0时；而国际日期变更线以东，由于它在0°经线西面，时间与0°经线处相比也是差12个小时，这时刚刚是1月1日0时。因此，国际日期变更线上这时虽然都是午夜，但它正好是1月1日0时和1月2日0时的分界线，线以西是1月2日，线以东是1月1日。这样，当你旅行经过这条界线时，必须是自西向东减一天，自东向西加一天。

如果麦哲伦航海时已经有了国际日期变更线，那他们在太平洋上跨过180°经线时，就会在航海日历上增加一天，当他们回到西班牙时，日期就是9月7日而不是9月6日了。

世界上的国家与人口

在世界的七大洲中，除了南极洲以外，都有国家分布。这些国家有的大，有的小；有的人多，有的人少。各个国家的自然环境，也各有不同。有的是位于大洋中的岛国（如亚洲的日本、印度尼西亚，欧洲的英国，北美洲的古巴，大洋洲的新西兰）；有的是不临海的内陆国（如亚洲的蒙古、阿富汗，欧洲的捷克、斯洛伐克、匈牙利，非洲的马里、赞比亚，南美洲的玻利维亚）；有的是一马平川的平原国家（如欧洲的荷兰）；有的是地势崎岖的山国（如亚洲的尼泊尔，欧洲的瑞士）；有的国家终年炎热（如非洲的贝宁），有的国家却没有夏天（如欧洲的冰岛）。

世界各大洲中，国家的分布是不均衡的。非洲是世界上国家和地区分布最多的一个洲，大洋洲是最少的。

世界上人口的分布极不平衡。亚洲是世界上人口最多的一个洲。亚洲的东部、南部和欧洲大部分地区，是世界上人口最稠密的地区。而世界上有些地区的人口却很稀少，比如非洲撒哈拉沙漠和卡拉哈里沙漠地区，人口密度每平方千米还不到一个人。

世界上的人口是在不停地变化着的，1830年全世界只有10亿人口，到1930年就增加了一倍，达到20亿。近年来，人口增长更快，特别是亚洲、非洲、南美洲许多发展中国家，人口增长非常迅速。这种情况已经引起了许多国家的重视，有些国家已开始采取控制人口增长的措施。

世界各地气候为什么千差万别

世界各地的气候多种多样，有的地方热，有的地方冷；

有的地方多雨，有的地方干燥；有的地方夏季多雨，有的地方冬季多雨。一个地方的气候特点是怎样形成的呢？为什么会有这样大的差异呢？

一个地区的海陆位置，对形成当地气候的影响很大。地球上的海洋是一个巨大的储水库，源源不断地将水汽供给陆地，是大气降水的主要源地，所以靠近海边的地区，往往比较湿润；远离海洋的大陆腹地，往往非常干旱，形成沙漠。海洋中的海水，又能储存太阳的热。夏天，当大陆内部气温很快升高时，海水把热储存起来，所以沿海地区比较凉爽，成为理想的避暑胜地；冬天，大陆内部气温很快降低，而海水却把储存的热逐渐释放出来，所以沿海地区比较温暖。受海洋的影响，沿海地区一年内的气温变化幅度不十分大。

地势的高低，也是影响气候的一个因素。一般地说，地势越高，气温越低，平均每上升 100 米，气温就要降低约 0.6℃。所以，即使是在赤道地区，在几千米的高山上也会形成高山积雪。你可能会觉得奇怪，为什么高山离太阳近，反而倒冷呢？这是因为空气不能直接吸收太阳的热，而主要吸收从地面辐射出来的热。太阳把地面晒热以后，地面再把热量辐射到空气中，空气中的水分、二氧化碳和尘埃等吸收了地面辐射出的热量，使气温升高。高山上空气稀薄，吸热的能力差，再加上地面辐射到了高空，热量散失较多，所以，越是高空，气温越低。如果你攀登赤道地区的高山，就如同是从赤道向极地旅行，沿路可以看到热带、温带、寒带的风光，到了白雪皑皑的山顶就如同到了冰天雪地的极地一样。

不仅地势高低对气候有影响，山脉的走向对气候也有影响。山脉可以阻挡住寒冷的气流长驱直入，使山脉两侧气温迥然不同。山脉也可阻挡含有大量水气的气流前进，迫使气流沿山坡上升。在上升过程中，由于气温不断下降，气流中的水气就凝结成小水滴落下来，形成降水。所以山脉朝向湿润海风来向的迎风坡降水多，而背风坡降水少。世界上降水最多的地方，往往是面向海洋的高山山前地带。

还有一个影响气候的重要因素就是大气环流。这是地球上空气的大规模、有规律的一种运动。地球上的空气是很活跃的，它总是从气压高的地方流向气压低的地方，并且遇热就膨胀上升，遇冷或聚集就下沉。由于地球各部分得到太阳的热量是不均匀的，再加上地球自转的影响，就形成了南北半球相对称的三个空气的大环流圈。

在赤道与南北纬30°之间各有一个热带环流，也叫低纬环流。赤道地区终年受太阳直射，气温很高，近地面的空气受热膨胀上升，地面气压降低，形成赤道低气压带。上升气流到达4～5千米的高空以后，向南、北分流，在南北纬30°地区的高空聚集、下沉，使近地面的气压升高，形成位于纬度30°附近的副热带高气压带。从高空下沉的空气，流向赤道低气压带，形成北半球的东北信风和南半球的东南信风。东北信风与东南信风在赤道相遇，又受热上升，这就形成了一个循环不断的热带环流，它由赤道到高空，又由高空下沉到纬度30°附近的地面，再流回赤道。

同样的，在极地与南北纬60°之间也有一个极地环流，也叫高纬环流。极地上空的空气遇冷下沉，使极地地面的气压升高，形成极地高气压带。空气从极地高气压带向低纬度地区流动，在纬度 60°附近地区与来自副热带高气压带的西风相遇上升，又从高空流向极地上空，形成极地环流。在热带环流与极地环流之间，还有一个中纬环流。

大气环流对一个地方的气候产生什么样的影响呢？从气温高的地方流向气温低的地方的气流，空气中的水汽容易凝结，形成降水。受这种气流控制的赤道低气压带、西风带等地区，都是气候比较湿润的地区。从气温低的地方流向气温高的地方的气流，空气中的水汽不容易凝结。受这种气流控制的副热带高气压带和信风带等地区，一般来说是气候比较干燥的地区。

一个地方气候特点的形成，主要受纬度、海洋、地形、大气环流等因素的影响。而且，这几个因素往往同时对一个地区产生不同程度的影响，所以，世界上也就出现了千差万别的气候。

地图的知识

地图是根据一定的数学法则，将地球（或其他星体）上的自然和人文现象，使用地图语言，通过制图综合，缩小反映在平面上，反映各种现象的空间分布、组合、联系、数量和质量特征及其在时间中的发展变化。

在史前时代，古人就知道用符号来记载或说明自己生活的环境、走过的路线等。现在人们能找到的最早的地图实物是刻在陶片上的古巴比伦地图。据考证这是古巴比伦城及其周围环境的地图，底格里斯河和幼发拉底河发源于北方山地，流向南方的沼泽，古巴比伦城位于两条山脉之间。

中国关于地图的记载和传说可以追溯到先秦时期，《左传》上就记载有夏代的《九鼎图》。古经《周易》有"河图"的记载，还有"洛书图"，表明中国图书之起源。传世文献《周礼》中有 17 处关于图的记载，图又与周官中 14 种官职相关联，如天官冢宰下辖的司书"掌……邦中之版，土地之图"；地官司徒下辖的大司徒"掌建邦之土地之图与其人民之数，以佐王安抚邦国。以天下土地之图，周知九州之地域、广轮之数，辨其山林、川泽、丘陵、坟衍、原隰之名物，而辨其邦国、都鄙之数，制其畿疆而沟封之，设其社稷之壝，而树之田主"；地官司徒下辖的小司徒"凡民讼，以地比正之。地讼，以图正之"；地官司徒下辖的土训"掌通地图，以诏地事"；春官宗伯下辖的冢人"掌公墓之地，辨其兆域而为之图"；夏官司马下辖的司险"掌九州之图，以周知其山林、川泽之阻，而达其道路"；夏官司马下辖的职方氏"掌天下之图，以掌天下之地，辨其邦国、都鄙、四夷、八蛮、七闽、九貉、五戎、六狄之人民，与其财用九谷、六畜之数要"。

1954 年 6 月，中国考古工作者在江苏省丹徒烟墩山出土的西周初年青铜器"宜侯矢簋"底内刻铸的 120 字铭文有两处谈到地图，即"武王、成王伐商图"和"东或（国）图"。该文记载周康王根据这两幅地图到了宜地，举行纳土封侯的册命仪式。曰："唯四月辰在丁未，王者武王遂省、成王伐商图，遂省东或（国）图。"据考证，该图成于西周康王时期。这些记载足以说明，中国西周时期已有土地图、军事图、政区图等多种地图，并在战争、行政管理、交通、税赋、工程等多方面得到应用。这些地图显然已经脱离了原始地图的阶段，具有了确切的科学概念。只可惜人们至今还没有见到过这些地图实物，有待地下考古的发现。

第二章

陆地和海洋

地球上的陆地和海洋总面积约 5.1 亿平方千米，其中海洋面积约 3.6 亿平方千米，占全球总面积的 71%，陆地面积约 1.49 亿平方千米，占全球总面积的 29%。

大陆和岛屿

国际惯例认为：岛屿，系指在自然状况下四面环水，并且在最高潮线时仍露出水面的陆块。按照这个概念，全球所有的大陆也都可以认为是岛屿。但是，岛屿和大陆最大的区别就在于面积的大小差异。习惯上，较大的陆块称为大陆，较小的则称为岛屿。也就是说，大陆与岛屿的概念是人为制定的。

地球表面的总面积约为 5.1 亿平方千米，其中 71％是海洋，29％是陆地。人们习惯把面积较大的陆地叫作大陆，面积较小的陆地则叫作岛屿。严格地说，大陆和岛屿并没有本质的区别，只是习惯上把格陵兰岛定为最大的岛屿，澳大利亚大陆定为最小的大陆。也就是说，大于澳大利亚大陆的就叫大陆，小于格陵兰岛的就叫岛屿。

在烟波浩渺的海洋中，散布着大大小小几万个岛屿，像无数块形态各异五光十色的翡翠镶嵌在蔚蓝色的海面上。这些岛屿是怎样形成的呢？有些岛屿本来是大陆的一部分，由于地壳发生运动，它们和大陆之间出现了断裂沉陷地带，因而变成了和大陆隔海相望的岛屿，如中国的台湾岛、海南岛，非洲的马达加斯加岛等，就是这样形成的。有时，大陆由于受到地球张力的作用，可以产生一些很深很大的裂缝，来自地下深处的物质挤了进来，将裂缝逐渐撑开，形成新的海底；而那些分裂出去的大陆的碎块，便成了远离大陆的岛屿。如世界第一大岛格陵兰岛就是这样从欧洲大陆分离出去的。有时，地球气候变暖，冰雪消融，使整个海洋水量增加，海面升高，于是大陆边缘的低凹部分就会被淹没。这时，没有被淹没的那些高地、山峰就变成了岛屿。北冰洋中的许多岛屿就是这样形成的。

陆 地 地 貌

地球表面高低悬殊，形态多样。按照高度和起伏形态，陆地大体可分为平原、山地、高原、丘陵和盆地五大部分。此外，还有由于受外力作用的强烈影响而形成的河流、三角洲、瀑布、湖泊、沙漠等。

平原是指宽广平坦或略有起伏而边缘无崖壁的地区，绝对高度在 200 米以下，相对高度小于 50 米。陆地平原面积广阔，世界大部分人口居住在平原。世界上最大的冲积平原是南美洲的亚马孙平原，面积约 560 万平方千米。一般来说，大陆中部是平原。平原的东西两侧多有高山耸列，形成南北纵列的三大地形带。这个特点，以北美和南美大陆最为显著。大陆中部，从北美的哈得孙湾沿岸平原起，经密西西比平原到南美的奥里诺科平原、亚马孙平原和拉普拉塔平原，几乎是连续不断的平原地带。其中，亚马孙平原的面积在世界各大平原中首屈一指。中部平原以西，延伸着科迪勒拉-安第斯山系；以东，在北美是拉布拉多高原和阿巴拉契亚山脉，在南美为巴西高原及其边缘山脉。

类似的地形结构在澳大利亚大陆也清晰可见。在亚欧大陆，平原的分布比较复杂，大平原主要展布于东西向高山带以北。从西向东有中欧平原、东欧平原、西西伯利亚平原、土兰平原等。南面，平原多为大河冲积形成，并分布于高原之间，主要有西南亚的美索不达米亚平原、南亚的印度河与恒河平原，以及中国的东北平原、华北平原、长江中下游平原等。

山地是海拔高度500米以上、地表相对高度200米以上的坡度陡峻的高地的总称。山地地面起伏大，山坡陡峻，相对高度大。线状延伸的山体叫山脉，成因上相联系的若干相邻山脉叫山系。山地所占面积并不大。陆地上有两条巨大的高山带。一条是环太平洋带，沿太平洋两岸作南北向分布。它包括纵贯北美和南美大陆西部的科迪勒拉—安第斯山系，亚洲和澳大利亚大陆太平洋沿岸及东亚岛弧上的山脉。另一条高山带略成东西向，横贯亚欧大陆中南部及非洲大陆北缘。它的西部是由阿尔卑斯山脉及其分支（比利牛斯山脉、亚平宁山脉、迪纳拉山脉、喀尔巴阡山脉、巴尔干山脉等）组成的阿尔卑斯山系，以及非洲北缘的阿特拉斯山脉。进入亚洲后，自安纳托利亚高原南北两侧的山脉与兴都库什山脉、喀喇昆仑山脉、喜马拉雅山脉连为一体，又经中南半岛西部山地，一直延续到巽他群岛的南列岛弧，与环太平洋带相接。

世界上海拔8000米以上的山峰有14座，分布在亚洲的喀喇昆仑山脉、喜马拉雅山脉地区。而西南亚约旦河谷尽头的死海海面为—392米，这是陆地的最低点。

另外，两大高山带是中生代末以来近期地壳运动的产物，陆地上最高峻、最宏伟的年轻山脉几乎都集中于此。它们也是火山与地震活动最剧烈的地带。古生代加里东和海西运动形成的山脉，由于年代已久，历经风化剥蚀，与上述两大高山带相比，山势大为逊色。

陆地上还广泛分布着大片隆起的高原，它们一股以前寒武纪古陆块为核心，地壳相对较稳定，高原面起伏不大。非洲大陆的高原，亚欧大陆的中西伯利亚高原、蒙古高原、阿拉伯高原、德干高原，南美大陆的巴西高原、圭亚那高原，澳大利亚大陆的西部高原等，都是世界上著名的古老高原。南极大陆与非洲大陆地形相似，也以高原为主，但上覆巨厚的冰盖。陆地上的另一些高原镶嵌在前述年轻山脉之间，地壳活动比较强烈，海拔较高，地面起伏也很大。中国的青藏高原就是一块被高山包围的高原，海拔平均在 4000 米以上。类似的还有伊朗高原、安纳托利亚高原，以及分布于科迪勒拉安第斯山系中的一些山间高原。

地 壳 运 动

沉积岩大多数是在广阔的海洋和巨大的湖泊中形成的，起初都是水平的。这些水平的岩层都是按老的在下、新的在上，一层盖一层地分布于地壳之中。但通常所看到的岩层大多数都有不是水平的，而是出现了各种各样的变化，有的发生了倾斜，有变得弯曲，有的形成了断裂，也有的产生了错动。这就是说沉积岩层的原始形态发生了改变。是什么原因促使了这种改变呢？正是地壳运动，也称为构造运动。

地壳运动是指在地球的内力和外力作用下，地壳经常所处的运动状态。它使地球表面海陆发生变化，并使岩层发生变形和变位形成各种的形态。

地壳运动可分为水平运动和升降运动。水平运动是指组成地壳的物质沿平行于地球表面方向的运动，这种运动使地壳受到挤压、拉伸或平移甚至旋转。升降运动是指组成地壳的物质沿垂直于地球表面方向的运动，即地壳上升或下降。主要引起海洋和陆地的变化，地势高低的改变。地壳运动使沉积岩层发生弯曲，产生裂缝、断裂，并留下永久形迹，这样就形成了地质构造。所谓地质构造就是地壳运动引起的岩层变形和变位的形迹。地壳运动是形成地质构造的原因，地质构造则是地壳运动的结果。

自地球诞生以来，地壳就在不停运动，既有水平运动，也有升降运动。地壳运动造就了地表千变万化的地貌形态，主宰着海陆的变迁。人们可用大地测量的方法证明地壳运动。例如，人们测出格林尼治和华盛顿两地距离每年缩短0.7米，像这样发展下去，1亿年之后，大西洋就会消失，欧亚大陆就会和美洲大陆相遇。化石也是地壳运动的证据。在喜马拉雅山的岩层里，找到了许多古海洋生物化石，如三叶虫、笔石、珊瑚等，说明这里曾经是汪洋大海。文化遗迹也是很好的证据。意大利波舍里城一座古庙的大理石柱离地面4～7米处，有海生贝壳动物蛀蚀的痕迹，可见该庙自建成以后曾一度下沉被海水淹没，以后又随陆地上升露出了水面。另外，火山、地震、地貌及古地磁研究等都能提供大量的地壳运动的证据。地壳运动引起的地壳变形变位，常常被保留在地壳岩层中，成为地壳运动的证据。

在山区，经常可以看到裸露地表的岩层，它们有的是倾斜弯曲的，有的是断裂错开的，这些都是地壳运动的"足迹"，称为地质构造。形成的地貌，称为构造地貌。地球在地质时期的地壳运动，虽然不能通过直接测量得知，但在地壳中却留下了形迹。在山区岩石裸露的地方，沉积岩层常常是倾斜、弯曲的，甚至断裂错开了，这都是岩层受力发生变形的结果。在中国山东荣成沿海一带，昔日的海滩现已高出海面 20～40 米。福建漳州、厦门一带，昔日的海滩也已高出海面 20 米左右，说明这些地方的地壳在上升。中国渤海海底发现了约达 7 千米的海河古河道，这表明渤海及其沿岸地区为现代下降速度较大的地区。再如，美丽的雨花石产于南京雨花台，这些夹有美丽花纹的光滑的卵石，是古河床的天然遗物。雨花台大量堆积着卵石，说明这里过去曾有河流，以后地壳上升，河道废弃，才成了如今比长江水面高出很多的雨花台砾石。

地理大发现

地理大发现，又名"探索时代"或"大航海时代"，这是西方史学对 15～17 世纪欧洲一些国家的航海家和探险家另辟直达东方的新航路，探察当时欧洲人不曾到过的海域和陆地的一系列航海活动的通称。该时期内，欧洲的船队出现在世界各处的海洋上，寻找着新的贸易路线和贸易伙伴，以发展欧洲新生的资本主义。在这些远洋探索中，欧洲人发现了许多当时在欧洲不为人知的国家与地区。与此同时，欧洲涌现出了许多著名的航海家，其中有克里斯托弗·哥伦布、瓦斯科·达·伽马、佩德罗·阿尔瓦雷斯·卡布拉尔、胡安·德拉科萨、巴尔托洛梅乌·迪亚士、乔瓦尼·卡波托等。

地理大发现包括一系列历史事件，主要有 1488 年，葡萄牙人 B.迪亚士发现非洲南端的风暴角（即好望角）；1492年，哥伦布航抵美洲；1498 年，瓦斯科·达·伽马开辟绕过好望角通往印度的航路；1519～1522 年，F.de 麦哲伦及其船队完成人类首次环球航行；1642～1643 年，荷兰人 A.J.塔斯曼航行至澳大利亚、新西兰等地。

在当时，远洋航行意味着冒险：航海家无法准确测量经度，木制船壳无法抵抗船蛆的侵蚀，储备的食物不适于长期航行，船上的卫生与生活条件也十分糟糕。然而，受经济利益与政治利益的双重驱使，这些人所进行的探索极大地扩展了已知世界的范围。伴随着新航路的开辟，东西方之间的文化、贸易交流开始大量增加，殖民主义与自由贸易主义也开始出现。欧洲这个时期的快速发展奠定了其超过亚洲繁荣的基础。新航路的发现，对世界各大洲在数百年后的发展也产生了久远的影响。

地理大发现发生于资本的原始积累时期。它改变了世界各大陆和各大洋的分割孤立状态，加强了世界范围的联系，为世界市场的开始形成准备了条件。地理大发现也是充满血腥事件的近代殖民地掠夺和殖民地瓜分的开始。有人称："美洲的发现，绕过非洲的航行，给新兴的资产阶级开辟了新的活动场所。东印度和中国的市场、美洲的殖民化、对殖民地的贸易、交换手段和一般商品的增加，使商业、航海业和工业空前高涨，因而使正在崩溃的封建社会内部的革命因素迅速发展。"随着新大陆和新航路的发现，欧洲的商业重心开始从地中海区域转移到大西洋沿岸。近代资本主义社会中的一些经济机构，如证券交易所、航运保险公司等也开始在西欧一些主要城市发展起来。

地理大发现在欧洲造成的最直接的经济后果是"价格革命"。当时西欧各国的殖民者和商人，从亚洲、非洲、"新大陆"源源不断运回大宗的金银财宝。由于货币流通量的急剧增加，刺激了物价的上涨。"价格革命"改变了西欧社会各阶层之间经济力量的对比。资产阶级利用"价格革命"，加快了资本的原始积累，大大地提高了自己的经济地位。而靠固定收入生活的工人因物价上涨处境恶化了。西欧资产阶级不仅通过地理大发现对海外进行贪婪的殖民掠夺，而且由于加速资本的原始积累，也使本国劳动人民生活穷困化。

地理大发现使世界各地的联系日益密切起来，使科学和技术取得了长足的进步。随着西欧工商业的空前发展，又促进了日益腐朽的封建社会内部革命因素的增长。因此地理大发现敲响了欧洲封建制度的丧钟。

内　陆　国

内陆国指没有海岸线的国家，亦即被他国陆地领土所环绕而无出海口的国家，又称陆锁国或无海岸国，如蒙古。双重内陆国家是指被其他内陆国家所包围的内陆国家。岛国是内陆国的相对概念，意指一个国家的四周皆邻靠海洋，整个国土完全位于岛屿之上。

内陆国与临海国、岛国相比，地理条件比较闭塞，交通与对外联系多有不便，社会经济发展上有许多困难和特殊之处。

内陆国一般国土面积不大，多数只有几十平方千米；内陆国的人口一般不多，大多数国家只有几十万人至几百万人。但国与国之间差别很大。

内陆国虽然在历史、政治制度、自然资源等方面有很大不同，但在社会经济上颇有共同之处，有70%左右的国家被列入最不发达国家。原因主要与不利的地理条件有关。

从自然条件上看，不少内陆国处于群山之中，地形多高原和山地（如尼泊尔、不丹、莱索托、斯威士兰等），由于离海洋较远，深居内陆，气候干旱，农业发展受到很大限制，多以落后的游牧生产方式为主。有的虽然矿产资源丰富，但因地理闭塞，交通与技术落后，只能出口矿产及初级产品；从地理位置上看，内陆国没有入海口与港口，交通受限，且远离世界市场。没有入海口与海港，使得进出口货物必须通过另一国，有时需通过好几个国家，所以大大增加了费用。为了保持在港口有一定的存货，或为了预防过境运输的中断，必须承担额外的储存费用，这必然使得产品价格上升，因而在很大程度上削弱了产品在国际市场上的竞争力。同时，由于进口费用多，货币外流，也影响其国际收支平衡。

此外，没有入海口还容易引起法律和政治方面的问题。内陆国必须通过谈判，履行名目繁多的手续才能达到出口货物的目的，同时还得缴纳过境税和随技术事故、自然灾害、劳资纠纷、政治骚乱甚至国际冲突的后果。在市场经济发展的当今时代和参与国际经济大循环的历史潮流中，地理条件对内陆国社会经济发展的制约作用已越来越明显。与临海国和岛国相比，内陆国的社会经济发展水平一般比较低，农业人口比例较高，工商业落后，而且由于缺乏作为社会经济增长中心或依托的港口，城市化水平也较低。一些最不发达的内陆国难以解决由于远离国际市场所造成的极不发达问题，又易遭受自然灾害的打击，经济非常脆弱，政治局势也不稳定，比如阿富汗位于伊朗高原东部，地势高峻的兴都库什山脉斜贯全境，气候干燥少雨，经济以农牧业为主，政局一直不稳定，战乱时有发生，致使国家贫穷。

　　也有少数内陆国根据本国自然条件和国情，在经济发展上取得了令人瞩目的成就。例如欧洲的瑞士，利用国内的旅游资源，大力发展旅游业，并根据本国矿产与能源资源贫乏以及进口原料不便的情况，大力发展消耗原料、能源少且产品出口方便的钟表、精密仪表制造业，成为经济十分发达的国家；卢森堡则利用本国的铁矿和丰富的能源以及便利的陆路交通运输条件，大力发展钢铁工业，成为世界闻名的"钢铁之国"；列支敦士登、圣马力诺本国面积狭小、资源贫乏，但利用国情，发展邮票生产和旅游业，使之成为国家经济的重要支柱。

南亚次大陆

南亚次大陆，简称次大陆，是喜马拉雅山脉以南的一大片半岛形的陆地，亚洲大陆的南延部分。大体位于北纬 8°～37°，东经 61°～97°。由于受喜马拉雅山阻隔，形成一个相对独立的地理单元，但面积又小于通常意义上的大陆，所以称为次大陆。

南亚次大陆的国家大体位于印度板块，也有一些位于南亚。其中，印度、巴基斯坦、孟加拉国、尼泊尔和不丹位处大陆地壳上；岛国斯里兰卡位处大陆架；岛国马尔代夫位处海洋地壳。

南亚次大陆在自然地理上，北有喜马拉雅山和喀喇昆仑山的耸峙，南有阿拉伯海和孟加拉湾的限制，西有伊朗高原的阻隔，东有印、孟、缅边境的层叠山障，自成单元的天然态势非常明显；人文地理上，长期经历着相当封闭的社会、历史发展进程，同样具有很显著的独立性，又因南亚大陆面积比一般大陆要小，故称为南亚次大陆。

南亚次大陆北部是喜马拉雅山脉南侧的山地，南部是德干高原，山地和高原之间是广阔的印度河与恒河平原。气候以热带季风气候为主，河流主要有印度河、恒河和布拉马普特拉河等。盛产小麦、稻米、棉花、黄麻、花生、甘蔗、茶叶等。矿产资源有煤、铁、云母、锰、金等。

南亚次大陆属于季风气候，完全与地中海气候相反。季节不明显，大致有两季。南亚的南面吹热带季风，北面吹温带季风。天气夏天潮湿，冬天干燥。适宜种植黄麻、茶、稻和各种蔬菜。

印度是南亚次大陆举足轻重的政治力量，这与其国土面积不无关系。它是该地区的最大国，约占75%的土地；拥有该地区最庞大的人口，大约是其余六国人口总和的3倍。巴基斯坦是南亚次大陆的第二大国，人口仅次于印度。印、巴两国同样是核武器国家。

地球的内力作用

地球内部作用力来自热能、化学能、重力能及地球旋转能等。由地球内部这些力所产生的作用，称为地球的内力作用。大陆上的山地、盆地、高原等，大洋底部海岭、海盆、海沟等地形的形成过程中，内力作用起着主导作用。

内力作用表现形式多种多样，主要有地壳运动、地球深处岩浆活动和地震等。

1. 地壳运动。地壳运动又称构造运动或大地构造运动，是指引起地壳结构改变和地壳物质变位的一种运动。例如海侵、海退、隆起和凹陷等。根据地壳运动方向，可分为水平运动和垂直运动两种基本形式。地壳物质大致平行于地球表面，即沿着大地水准面切线方向进行运动，叫水平运动。它主要是由于地球水平方向作用力引起的，表现为地壳岩层的水平移动，使岩层在水平方向上遭受不同程度的挤压力和引张力，产生褶皱和断裂构造。中国的昆仑山、祁连山及世界上许多山脉，就是通过挤压褶皱而形成的。所以，有人将水平运动称造山运动。地壳物质沿着地球半径方向缓慢的升降运动称垂直运动。升降运动通常表现为大规模隆起和相邻地区凹陷，引起地势起伏或海陆变迁，故有人将垂直运动称造陆运动。水平和垂直运动虽有区别，但实际在时空上常有联系。

2. 岩浆活动。地球内部能量的积聚和释放可能表现为岩浆活动。地球内部热能累积到一定程度，变为灼热的岩浆产生巨大压力，它冲破地壳薄弱常喷出地表，即为火山喷发。火山喷发物包括气体、熔岩、火山灰等，通过火山口喷出，其中大部分火山物质在火山口周围堆积，形成火山锥。如长白山顶部天池即为火山口积水而成，周围 16 座山峰都是火山岩堆积而成。大洋底部同样有火山喷发，有的火山物质堆积露出海面，形成火山岛，如太平洋中的夏威夷群岛。

3. 地震。地壳自然快速颤动叫地震，它是地球内部能量释放经常发生的有规律的自然现象。地下发生地震处称震源，它在地面下的深度即震源深度。和震源相对应的地面上的一点叫震中。地震引起的振动以波的形式从震源向四周传播，称地震波。质点振动方向与震波传播方向一致，称纵波，在地壳内波速约 5～6 千米/秒；质点振动方向与震波传播方向相垂直，称横波，在地壳内的波速约 3～4 千米/秒。由于地震波波形不同、波速不等，地震时，纵波速最快，故人们首先感到上下跳动；而后横波到达，人们才感到左右摇晃。地震强度以震级和烈度来表示。震级是地震能量等级和释放能量的大小。烈度是地震在一定地点产生或可能产生的破坏程度的度量。

地球的外力作用

　　地球的外力主要来自太阳辐射能，以及日月引力能、重力能和生物活动而产生的营力。外力通过大气、水等所引起的作用，发生于地球的表层，在常温、常压下进行，使地球表面发生一系列变化。

　　外力作用主要表现形式外力作用表现形式多种多样，主要有风化作用、侵蚀作用、搬运作用、沉积作用和固结成岩作用。

　　1. 风化作用。地表或接近地表的岩石，在空气、水、太阳能和生物的作用和影响下，使岩石产生破坏的过程，称为风化作用。按性质不同，风化作用可分为三类：

　　（1）物理风化作用，主要指岩石受热膨胀、冷却收缩，使岩石产生破裂，天长日久，岩石由大块变为小块，小块变成细粒。

　　（2）化学风化作用，主要指岩石在空气和水的作用下，产生氧化和分解，例如长石经过风化后形成高岭土，成为良好的陶瓷原料。

　　（3）生物风化作用，主要指植物根系对岩石产生机械破碎、微生物对岩石的生物化学作用。

　　这三种风化作用并不是孤立进行的，而是相互联系、彼此结合，同时同地进行。不过，在干旱地区因温度变化很大，物理风化比较明显，湿热地区化学风化和生物风化比较突出。风化作用结果使岩石产生破坏，不仅块体变小，而且还发生化学变化，形成与原来岩石有很大差别的风化壳，产生疏松的碎屑物质，从而为侵蚀作用提供了物质基础；为塑造地表各种形态提供了有利条件；使土壤的发生成为可能。

2. 侵蚀作用。外营力（如流水、冰川、风力、波浪等）对地表冲刷、磨蚀和溶蚀等作用的总称，称为侵蚀作用。

在湿润地区，流水的作用是塑造地表形态的主要营力。水流速度愈快、水量愈大，侵蚀作用愈强。沟谷、峡谷就是水流夹带石块对地表进行强烈下切侵蚀作用造成的；流水的旁蚀作用，使谷底与河床加宽。在石灰岩地区，在含有二氧化碳的水流冲刷和溶蚀作用下，形成奇特的溶洞、峰林和溶蚀洼地及盆地；黄土高原上的沟谷与塬、梁、峁地形，也是流水侵蚀作用造成的。在高纬度和高山地区，气候寒冷，冰雪作用成为塑造地表的主要营力。冰川以其巨大机械压力，以夹带的石块为工具对地表或原有谷地进行刨蚀，形成冰斗、角峰和"U"形冰川谷等地形。在干旱地区，风沙作用显著，含沙气流成为塑造地表形态的主要营力。地表岩石通过风沙长期吹蚀，可以形成造型独特的风蚀蘑菇、风蚀柱等地形。波浪对石质海岸冲击，产生巨大压力，对海岸起破坏作用，形成海岸悬崖、海蚀岩洞等海蚀地形。

3. 搬运作用。风化、侵蚀产物，通过流水、冰川、风、波浪等将物质转移的过程，称为搬运作用。

实验证明，流水推动物体的重量与水流速度的 6 次方成正比。河床坡度愈大、水流速度愈快，搬运能力愈强。所以山区河流上游河床上常常堆积着巨大石块。一定流速搬运一定重量物质，故流水搬运物质具有明显的选择性。冰川以自己巨大机械压力进行搬运，大小石块一起被带走，没有选择性。风的搬运与风速大小有关，而风速经常发生变化，所以干旱区风吹沙子时起时落，有时贴近地面滚动，有时跳跃前进。

4. 沉积作用。岩石风化和侵蚀后的产物经流水等外力搬运途中，因流速、风速的降低，冰川的融化等因素的影响，使被搬运的物质逐渐沉积下来，称为沉积作用。一般说来，颗粒大、比重大的物质先沉积，颗粒小、比重小的物质后沉积，所以形成的沉积物有砾石、砂、粉砂和黏土等颗粒大小不同现象，称为沉积物的分选性。这种情况以河流沉积最明显。冰川搬运物质要待冰川融化时才沉积，所以冰碛物大小不分地混杂在一起；山洪暴发，因水流速度大，泥沙石块俱下，河流一出山口，流速很快降低，所以沉积的物质也是大小混杂在一起的。

流水携带大量泥沙，到了中下游因流速减慢，泥沙大量沉积，在两岸形成冲积平原，在河口形成扇形冲积平原，称为三角洲平原。例如长江、黄河等大河河口都有宽广的三角洲平原。这里土层深厚肥沃，地势平坦，灌溉便利，是富饶的农业区。

在干旱地区，风力吹扬沙尘，当风力减弱，或前进方向遇有障碍物时，沙子便会降落沉积下来，形成沙漠和各种形态的沙丘。沙丘上如果没有植物生长，在盛行风的吹袭下导致沙丘移动，形成流动性沙丘；如果有植物生长，沙子受到植物保护就不再移动或很少移动，形成固定和半固定沙丘。流动性沙丘危害很大，它能毁坏草地、淹没农田、破坏村舍和交通。所以防风固沙是一项改造自然的艰巨任务。

风化、侵蚀、搬运和沉积作用，是相互联系的统一过程。风化作用结果，为侵蚀作用提供了有利条件，风化、侵蚀产物又为搬运作用提供了物质来源，而沉积作用则是搬运作用的结果。由侵蚀到沉积，以搬运作为纽带，把它们联系在一起。

5. 固结成岩作用。地壳中的岩石，经过物理的、化学的和生物的风化过程和改造，通过侵蚀、搬运又在一定环境下沉积，再经过成岩作用变成岩石，这一过程叫固结成岩作用。例如沉积岩中的砂岩、页岩和砾岩等就是这样形成的。

外力以自己的作用力对地表进行塑造、修饰、加工和重建。改造原来的地表形态，重建新的地表形态，总的趋势是，使地表起伏趋向缓和。

世界十大山脉

一、安第斯山脉

安第斯山脉属于科迪勒拉山系，位于南美洲的西岸，范围从巴拿马一直到智利。从北到南全长约8900千米，是世界上最长的山脉，纵贯南美大陆西部，素有"南美洲脊梁"之称，山脉有许多海拔6000米以上、山顶终年积雪的高峰，且地区矿产资源丰富。

安第斯山脉是基于早期地质活动的新生代（最后的6640万年）期间地球板块运动的结果。地质上属年轻的褶皱山系，形成于白垩纪末至第三纪阿尔卑斯运动，历经多次褶皱、抬升、断裂、岩浆侵入和火山活动，地壳活动仍在继续，为环太平洋火山、地震带的一部分。其中阿空加瓜山为安第斯山最高峰，海拔 6960 米。奥霍斯德尔萨拉多山为世界最高火山，海拔 6893 米。南美洲多火山，它们主要分布在安第斯山，这里共有 40 多座活火山。

在安第斯山脉，动植物的生存能力大部分取决于海拔高度，植物群落的生存也由气候、湿润的程度和土壤等条件决定，而动物则赖有丰足的食物来源才能生存；永久雪线是动植物生存的上限。有些植物和动物可以在任何海拔高度上生存，其他的则只能生活在某一高度。

安第斯山区的主要矿藏有有色金属、石油、硝石、硫黄等。有色金属矿多与第三纪、第四纪火山活动和岩浆侵入有关，特别是以矿脉和岩脉形式侵入到上层的岩浆体，如安山岩、闪长岩、玢岩等。最突出的是铜矿，矿区从秘鲁南部至智利中部，为世界最大的斑岩型铜矿床的一部分。世界最大的地下铜矿采矿场就在此山脉中，在地底深达 1200 米，采矿坑道总长超过 2000 千米。石油主要分布在安第斯山北段的山间构造谷地或盆地中。

安第斯山是世界上最重要的矿区之一，南部矿区的范围特别辽阔。主要矿物有：智利和秘鲁的铜，玻利维亚的锡，玻利维亚和秘鲁的银、铅和锌，秘鲁、厄瓜多尔和哥伦比亚的金，哥伦比亚的铂和祖母绿，玻利维亚的铋，秘鲁的钒，以及智利、秘鲁和哥伦比亚的煤和铁。

雄伟壮观的安第斯山脉是南美洲开发最早的地区，中段山区保留着古代印加帝国的许多文化遗迹。居民主要为印欧混血种，其次为克丘亚族和艾马拉族印第安人。据考古材料证明，安第斯高原在历史上曾经历过一系列较高的古代文明时期，并创建了独具特色的印加文明。

2007 年，20 个英国环保组织在拉丁美洲召开大会讨论全球变暖的影响，一份安第斯山脉冰川正在融解的报告令在场的科学家震惊。报告指出，安第斯山脉的查卡塔亚冰山是玻利维亚数座城市的主要水源，然而它将在 15 年后彻底融化；安第斯山脉延续在秘鲁境内的著名山峰胡阿斯卡鲁，山上冰雪已经融化了 1280 公顷，冰山覆盖率仅为 30 年前的40％；智利的奥希金斯冰山 100 年来"缩水"了 15 千米；阿根廷的乌帕萨拉冰山正以每年 14 米的速度消失。在哥伦比亚，冰山较之 1850 年消失了 80％，而厄瓜多尔的主要冰山在 20 年间损失一半。秘鲁水资源管理机构主席卡尔门·菲力普说："安第斯山脉冰雪的这种融化速度意味着灾难的来临。从短期看，我们在不久的将来会遭遇严重的洪灾和泥石流，而从长远看，我们将失去赖以生存的水资源。"

根据哥伦比亚环境部门 1983 年的报告，哥伦比亚的埃尔·科库伊国家公园的 5 座冰山将在 300 年后消失，后来，该部门再次得出结论，它们的消失时间是 25 年。菲力普称："冰雪融化，人们开始在高原开垦土地采伐树林，这种恶性循环导致严重的水土流失。"科学家们表示，安第斯山脉的积雪加速融化的主要原因是全球变暖，它导致安第斯山脉的降雪降雨变得极不规律。自 1970 年以来，安第斯山脉，尤其是山脉东部的降雨量不断增大，已经引发数次大规模洪灾。但在南美洲中部和智利南部，降雨量却逐年减少。2005 年，亚马孙盆地还发生特大旱情。在今后 50 年，南美洲四周海平面将持续上升，直接威胁到拉丁美洲的 60 个沿海大城市，这些城市将面临飓风的严峻挑战。

二、阿尔卑斯山

阿尔卑斯山是一座位于欧洲的著名山脉，它覆盖了意大利北部边界、法国东南部、瑞士、列支敦士登、奥地利、德国南部及斯洛文尼亚。它可以被细分为三个部分：从地中海到勃朗峰的西阿尔卑斯山，从奥斯特谷（意大利西北部一自治区）到布勒内山口（奥地利和意大利交界处）的中阿尔卑斯山，从布勒内山口到斯洛文尼亚的东阿尔卑斯山。阿尔卑斯山共有 128 座海拔超过 4000 米的山峰，其中最高峰勃朗峰海拔 4808 米，位于法国和意大利的交界处。山脉呈弧形，长1200 千米，平均海拔约 3000 米。

阿尔卑斯山脉是欧洲最大的山脉，同时也是个巨大的分水岭，欧洲许多大河如多瑙河、莱茵河、波河、罗讷河等均发源于此。各河上游都具有典型山地河流特点，水流湍急，水力资源丰富。

阿尔卑斯山脉提供欧洲饮水、灌溉与水力发电。面积虽然仅占欧洲的 11％，但提供欧洲 90％以上的水源，尤其是干旱地区与夏季。米兰等城市就有 80％的水依赖阿尔卑斯山脉供应。河川流域里有 500 座以上的水力电厂，发电量达 2900 千瓦。其他河川如多瑙河，主要支流也源自阿尔卑斯山脉。隆河是地中海第二大水源，仅次于尼罗河；冰川融化为隆河水源，流入日内瓦湖后再流向法国，在法国还用来冷却核能电厂。莱茵河源自瑞士一个 30 平方千米的区域，约占瑞士输出水量的 60％。

阿尔卑斯现代经济的支柱是采矿、凿石、制造和旅游各业相结合。自新石器时代以来就有采矿业，奥地利的埃尔茨山采矿业仍很重要，埃尔茨山自中世纪以来就采掘铁矿。在克吕斯附近，距日内瓦不远的上萨瓦的前阿尔卑斯山区，在19世纪的第一个25年中，钟表制造、螺旋切削、部件加工及有关工业兴起，它已演变成世界上这些类型工业最集中的地区之一。在奥斯塔及穆尔河谷和米尔茨河谷，由于当地生产铁和煤，设有大型钢铁厂。

阿尔卑斯山脉十分迷人，是世界著名的风景区和旅游胜地，被世人称为"大自然的宫殿"和"真正的地貌陈列馆"。这里还是冰雪运动的胜地，探险者的乐园。

山地冰川呈现一派极地风光，是登山、滑雪、旅游胜地。阿尔卑斯山地冰川作用形成许多湖泊。最大的湖泊莱芒湖，另外还有四森林州湖、苏黎世湖、博登湖、马焦雷湖和科莫湖等。美丽的湖区是旅游的胜地。西、中阿尔卑斯山设有现代化旅馆、滑雪坡和登山吊椅等。冬季滑雪运动吸引大量游客。山麓与谷地间的不少村镇，山清水秀，环境幽雅，每年都有大量游客来此旅游。

另外，阿尔卑斯山也是每年环法自行车赛的必经之地，每年有大批游客被这两块金字招牌吸引来，一边欣赏阿尔卑斯山的美景，一边现场观看环法自行车赛，站在路边给运动员加油助威。

三、大分水岭

大分水岭是澳大利亚东部新南威尔士州以北山脉和高原的总称，位于新南威尔士州以北与海岸线大致平行，自约克角半岛至维多利亚州，由北向南绵延约3000千米，宽约160～320千米，海拔一般约800～1000米，其中最高峰科修斯科山海拔 2230 米，是全国的最高点。

大分水岭坡地势缓斜，向西逐渐展开为中部平原，这里降水较少，常年干旱，呈现一片草原与矮小灌丛的景象。大分水岭南北走向，纵贯澳大利亚东部，它的北部处于热带气候区，中部处于副热带气候区，南部地处温带气候区。

山脉东坡较陡，降水丰富，气候湿润；西坡较缓，处于背风位置，气候干旱。它是澳大利亚大陆太平洋水系和印度洋水系的分水岭。这绵长的大山系像一座天然屏障，挡住了太平洋吹来的暖湿空气，使山地东西两坡的降水量差别很大，生长的植物也迥然不同。东坡地势较陡，沿海有狭长平原，降水充分，生长着各种类型的森林。

大分水岭南段悉尼西郊的蓝山是一处著名的观光胜地。大分水岭的主峰科休斯科峰又称大雪山，这里有一处巨大的水利工程，被称为世界奇迹之一。大雪山水利工程就是建筑大小水坝，控制融化的雪水。在大雪山水利工程的施工范围内共建造了 16 座大小水坝和 7 所水力发电厂，为人类开创了变荒漠为绿洲的奇迹。

四、昆仑山脉

昆仑山西起帕米尔高原，山脉全长约 2500 千米，平均海拔 5500～6000 米，宽 130～200 千米，西窄东宽总面积达 50 多万平方千米，在中国境内地跨青海、四川、新疆和西藏四省（区），最高峰是位于新疆克孜勒苏柯尔克孜自治州乌恰县的公格尔峰（海拔大约 7649 米）。是高原地貌的基本骨架，是青海省重要的自然区划界线。昆仑河源头的黑海，海拔 4300 米，湖水清盈，鸟禽成群，野生动物出没，气象万千，在昆仑河中穿过的野牛沟，有珍贵的野牛沟岩画，玉虚峰、玉珠峰终年银装素裹，山间云雾缭绕，位于昆仑河北岸的昆仑泉，是昆仑山中最大的不冻泉。形成昆仑六月映雪奇观，有深几十米的天险奇观。

昆仑山北坡濒临最干旱的亚洲大陆中心，属暖温带塔里木荒漠和柴达木荒漠，山前年降水量小于 100 毫米，西部 60 毫米，东部 20 毫米，若羌仅为 15～20 毫米。年降水量随山地海拔增高而略增，暖温带荒漠被高山荒漠所取代，由特有的垫状驼绒藜与西藏亚菊组成。源于昆仑山脉北坡诸河流，源远流长，汇流于塔里木盆地与柴达木盆地内流水系。

昆仑山脉与塔里木盆地和柴达木盆地间均以深大断裂相隔。昆仑山地区以前震旦系为基底；古生代时为强烈下沉的海域并伴有火山活动，古生代末期经华力西运动褶皱上升，构成昆仑中轴和山脉的中脊；中生代产生凹陷，经燕山运动构成主脊两侧 4000 米以上的山体。

昆仑山脉的新构造运动极其强烈，晚第三纪以来上升大约 4000～5000 米；叶尔羌凹陷中的砾石层厚度 2500 余米，河谷高阶地上则分布有第四纪火山凝灰岩和火山角砾岩；克里雅河与安迪尔河的上游均保存有中更新世玄武岩流与火山口，1951 年在于田县境昆仑山中的卡尔达西火山群的一号火山曾爆发，并伴有现代火山泥石流。东部昆仑山第四纪以来上升了 2800 余米，其相关沉积物在柴达木盆地中的埋藏深度达 2800 米。昆仑山的新构造运动具间歇性，叶尔羌河、喀拉喀什河、尼雅河均形成 4～5 级阶地；各河出山口形成 4～5 级叠置的洪积扇。

昆仑山区有 100 多种高等植物，但一般都是低矮的灌木类。野生动物都是高原特有的如藏羚羊、野牦牛、野驴等。

新疆和田的昆仑山麓出产最高质量的美玉，从古代起就是中原地区玉石的主要来源，因此《千字文》提到"玉出昆岗"。

昆仑山区整座山遍布着沙漠或至多可以名之为草原的地方的状况制约植被的发展。许多地区由岩石沙漠构成。偶见的死水塘为诸如藏羚羊和藏岩羚羊以及大群野驴（骞驴）和成群的野牦牛等数种野生有蹄动物提供水草。在较为潮润的西部山脉，大角野羊在高处的草原吃草。青绵羊、拉达克东方盘羊及高地山羊零星分布于整个西部山区上部的岩石上。水道附近的柳丛常有棕熊；狼为当地特有，但雪豹就为罕见。许多候水鸟在季节迁徙中常出没此处的湖泊。

昆仑山在中华民族的文化史上具有"万山之祖"的显赫地位，古人称昆仑山为中华"龙脉之祖"。如李白的"若非群玉山头见，会向瑶台月下逢"的美诗，毛主席的"横空出世，莽昆仑"的华章，女娲炼石补天、精卫填海、西王母蟠桃盛会、白娘子盗仙草和嫦娥奔月等传说都与昆仑山有关。《山海经》中对昆仑山有详细记载，中国古典名著《西游记》、《封神演义》，现代经典小说，金庸的《天龙八部》，桐华的《曾许诺》，沧月的《七夜雪》，天下霸唱的《鬼吹灯》和笑愚的笑容的《重生的淡然日子》等多部通俗小说都有提到过昆仑山。

昆仑泉位于昆仑河北岸著名的小镇纳赤台正中，海拔3700米左右，是一泓优良的天然矿泉，被视为昆仑奇观。全年水温恒定为20℃。泉池四周由花岗石板砌成的多边形图案，中央一股清泉从池地蓦然喷涌而出，形成一个晶莹透明的蘑菇状，将无数片碧玉般的花瓣抛向四周，似一朵盛开的莲花，又似无声四溅的碎玉落入一泓清池，然后奔向滔滔的昆仑河。

　　昆仑泉是昆仑山中最大的不冻泉，泉水是昆仑山冰雪融化后渗入地下流动喷涌出来的，澄澈清冽，晶莹透明，甘甜醇美，洁净卫生，加上这里海拔高，没有污染，被誉为"冰山甘露"。该泉水属低矿化度重碳酸氯化物、钙镁型矿泉水。它喷出地层前，在地下蕴藏潜流达20余年，从周围环境中溶解锶，钙、钾、碳酸氢根等对人体健康有益的化学元素。其中锶含量达0.7毫克/升，对治疗高血压、心脏病、动脉硬化等疾病有较好的疗效，为优质、天然饮用矿泉水。现建有昆仑泉亭，亭内立有昆仑泉碑，是世界屋脊汽车探险线的必经之地，昆仑山道教圣境寻祖游的重要景点之一。

　　五、阿特拉斯山脉

　　阿特拉斯山脉，非洲最广大的褶皱断裂山地区。阿尔卑斯山系的一部分。位于非洲西北部。西南起于摩洛哥大西洋岸，东北经阿尔及利亚到突尼斯的舍里克半岛。呈东北东一西南西走向。长1800千米，南北最宽约450千米。

　　在远古时代，由于欧洲、非洲和北美洲相连，阿特拉斯山脉在地质上是阿巴拉契造山运动的一部分。山脉在非洲和北美洲相撞时形成，当时远比今日的喜马拉雅山脉要高。今日，这山脉的痕迹仍然可以在美国东部的陡降线上或者在阿巴拉契亚山脉看到。西班牙南部的内华达山脉也是在同一次运动中形成的。

　　阿特拉斯山脉季节性降雨为滂沱大雨，这就决定了阿特拉斯的水系性质。

　　马格里布干河床起自阿特拉斯山脉。在常年河中有穆卢耶河，源自中阿特拉斯山；谢利夫河，源自阿穆尔山脉。

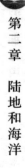

在阿特拉斯区域海拔较高之处，好的土壤稀少，常常是除了光秃秃的岩石、瓦砾以及因山崩而不断落下的物质外，一无所有。有两种物质占主导地位：石灰岩和泥灰岩。较稀少的砂岩有利于森林的成长。在阶地斜坡和谷底有冲积土，这是最好的土壤了。

阿特拉斯地区的土壤受侵蚀且因植被稀少而更恶化，大约只有 101000 平方千米的土地有森林。略有降雨的里夫山脉、卡比利亚和克鲁米里山脉，其湿润的森林中的栓皮槠覆盖着下层野草莓灌木丛和杜鹃花灌木，同时还有满地的半日花和薰衣草。当全年的降雨量不足 762 毫米，又有石灰岩在的时候，绿栎和崖柏则盖满在土壤上，形成有一片薄而浓密的下层灌木丛的明亮而干燥的树林。再高一点则以雪松树为主。在撒哈拉阿特拉斯的干燥巅峰，植被则减少到散落分布的绿栎和桧树。

为农业而清理土地减少了阿特拉斯山脉的森林覆盖面；动物也纷纷退避。留下的只有高处的少数豺狼、一些猴族，偶然在栎林中会出现一群野猪。

阿特拉斯山区在马格里布诸国的现代化发展中还具重要的作用。蓄水坝的建造不但能储藏大量水供灌溉平原用，还使水力发电成为可能。在摩洛哥，水坝建在大阿特拉斯北坡跨越阿比德河和吉拉河，南坡的大坝则跨越在德拉和济兹河道上。在阿尔及利亚的卡比利亚区则发展了水力发电站，分别设在阿格里翁和坚杰内河上。

阿特拉斯的地质构造特点是矿物丰富，其中铅、锌、铜、锰和磷酸盐最为重要。这些原料常在海滨城镇进行加工。例如来自温札的铁矿石提供给安纳巴的炼铁工业使用。

阿特拉斯山脉，全长 400 余千米，从大西洋的白色海滩一直绵延到撒哈拉沙漠。主峰宏伟壮观，可与阿尔卑斯山脉、比利牛斯相媲美，梦幻般光溜溜的粉色花岗岩峰峦，勾勒出蜿蜒的峡谷和陡峭的悬崖，宛如一幅月牙形风景画。偶尔也有一片富饶的绿洲点缀其中；成群成簇的房舍，色彩亮丽，掩映在绿色的棕榈树丛中。最重要的是，小阿特拉斯出入便利：如果你想一日游，不妨租辆小车，请驾驶员兼做导游；倘若你想来一次一周或更长时间的畅游，你可坐进租来的车上，在狭窄而又崎岖不平的山间"滑雪道"探幽，晚间宿于山间客栈。漫步在乡野，令人神清气爽，不像攀登阿特拉斯山峰时那般艰险，况且，当地的柏柏尔部落人待人温和友善。

　　2012 年 2 月，给欧洲许多地方带来恶劣的冬季气候的天气系统影响了非洲北部地区。据路透社报道，这个天气系统给非洲北部带来的结果好坏参半，阿尔及利亚和突尼斯农民感激它带来了缓解旱情的降水，摩洛哥农民则担心霜冻。

　　摩洛哥下雪并非不寻常的现象。阿特拉斯山脉附近的两个滑雪胜地——一个在马拉喀什附近，另一个在伊夫兰附近——每年一月和二月定期降雪。事实上，与 2011 年 2 月的情况相比，2012 年的降雪看起来并非很不寻常。然而，2012 年 2 月的寒冷气温正在威胁着摩洛哥的甜菜和甘蔗作物。

　　在 2012 年 2 月，非洲和欧洲南部的其他地区面临异常恶劣的冬季气候。据路透社报道，阿尔及利亚首都阿尔及尔发生了人们记忆中"最大的降雪"。此外，意大利也被积雪覆盖，低于冰点的温度冰封了道路，学校停课，超市货架上的货物被抢购一空。

阿特拉斯山脉的积雪不只是帮助了摩洛哥的滑雪产业。积雪还为摩洛哥的农业型经济提供了至关重要的水库水。

六、喜马拉雅山脉

喜马拉雅山是世界上一座高大雄伟的山脉。它耸立在青藏高原南缘，分布在中国和巴基斯坦、印度、尼泊尔和不丹等国境内，其主要部分在中国和尼泊尔交界处。西起青藏高原西北部的南迦帕尔巴特峰，东至雅鲁藏布江急转弯处的南迦巴瓦峰，全长 2450 千米，宽 200～350 千米。主峰是世界最高峰珠穆朗玛峰，是藏语第三女神的意思，海拔高达 8844.43 米。据最新测定数据表明，珠穆朗玛峰平均每年增高 1 厘米。

喜马拉雅山脉是由印澳板块与欧亚大陆板块碰撞形成的。印度板块仍在以每年大于 5 厘米的速度向北移动，喜马拉雅山脉仍在不断上升中，同时还处于板块边界碰撞型地震构造带上。

据地质考察证实，早在 20 亿年前，喜马拉雅山脉的广大地区是一片汪洋大海，称古地中海，它经历了整个漫长的地质时期，一直持续到 3000 万年前的新生代早第三纪末期，那时这个地区的地壳运动，总的趋势是连续下降，在下降过程中，海盆里堆积了厚达 30000 米的海相沉积岩层。到早第三纪末期，地壳发生了一次强烈的造山运动，在地质上称为"喜马拉雅运动"，使这一地区逐渐隆起，形成了世界上最雄伟的山脉。经地质考察证明，喜马拉雅的构造运动至今尚未结束，仅在第四纪冰期之后，它又升高了 1300～1500 米。还在缓缓地上升之中。

喜马拉雅山脉是从阿尔卑斯山脉到东南亚山脉这一连串欧亚大陆山脉的组成部分，所有这些山脉都是在过去6500万年间由造成地壳巨大隆起的环球板块构造力形成的。

喜马拉雅山脉在地势结构上并不对称，北坡平缓，南坡陡峻。在北坡山麓地带，是中国青藏高原湖盆带，湖滨牧草丰美，是良好的牧场。流向印度洋的大河，几乎都发源于北坡，切穿大喜马拉雅山脉，形成3000～4000米深的大峡谷，河水奔流，势如飞瀑，蕴藏着巨大的水力资源。喜马拉雅山连绵成群的高峰挡住了从印度洋上吹来的湿润气流。因此，喜马拉雅山的南坡雨量充沛，植被茂盛，而北坡的雨量较少，植被稀疏，形成鲜明的对比。随着山地高度的增加，高山地区的自然景象也不断变化，形成明显的垂直自然带。

喜马拉雅山脉的植被可以大体分为4带——热带、亚热带、温带及高山带——主要是根据海拔和雨量划分的。地方地形和气候以及光照和风吹的差别，造成每一带内植被构成的相当大的变化。热带常绿雨林局限于东喜马拉雅山脉和中喜马拉雅山脉潮湿的丘陵地带。常绿龙脑香科森林——一个可产木材和树脂的树群——是常见的；它们的异种生长在不同的土壤上和陡峭程度互异的山坡上。铁木可见于183～732米这一高度内可渗透的土壤上；竹子生长在陡峭的山坡上；栎树和栗生长在石质土上，覆盖了从中国藏南地区西部至尼泊尔中部在1097～1737米高度的砂石。桤木可见于较陡的山坡水道沿线。在更高处，它们为山地森林所取代，林中典型的常绿树是一种露兜树。除了这些树外，估计约有4000种开花植物生长在东喜马拉雅山脉，其中20种是棕榈。

喜马拉雅山脉矿物丰富，不过开发局限于喜马拉雅山脉较易进入的地区。查谟和克什米尔是矿物最为集中的地区。在札斯卡尔山脉发现蓝宝石,在附近的印度河河床找到沙金。在伯尔蒂斯坦有铜矿床,在克什米尔河谷找到铁矿。拉达克蕴藏着硼砂和硫黄矿。在查谟山找到了煤层。铝土矿也在查谟和克什米尔出现。尼泊尔、不丹有着广布的煤炭、云母、石膏和石墨矿藏,以及铁、铜、铅、锌矿石。

喜马拉雅山脉的河流具有巨大的水力发电潜力,从20世纪50年代以来,在印度已经得到密集利用。一项浩大的多用途工程坐落在外喜马拉雅山脉的苏特莱杰河上的巴克拉—楠加尔(1963年竣工),水库蓄水能力约为100亿立方米,发电总装机容量为1050兆瓦。此外,戈西、根德格(纳拉亚尼)和贾尔达卡这3条喜马拉雅山脉河流也已经为印度所利用,向尼泊尔和不丹供电。

在印度次大陆的3个主要种族集团——印—欧人集团(公元前2000年左右从帕米尔西部的中亚地区南下来到南亚次大陆的白种人,现已混有澳大利亚人种的血统),藏—缅人集团和达罗毗荼人集团——中,头两个集团在喜马拉雅山脉中都有非常对应的社区,尽管他们在不同地区以不同比例混合在一起。他们的分布是从葱岭(帕米尔高原)以西而来的欧罗巴人种集团、南来的印度各民族和从东面及北方来的亚洲人部落(蒙古人种)漫长渗透历史的结果。在占喜马拉雅山脉中部1/3的尼泊尔,这些集团相互交织和混合。

对于低喜马拉雅山脉的渗透,促成了进入和通过南亚河流平原通道移民的活动。一般来说,大喜马拉雅山脉和特提斯喜马拉雅山脉居住着藏民和其他藏—缅民族(蒙古人种),而小喜马拉雅山脉则是高大白皙的印—欧人之家。在查谟和克什米尔的外喜马拉雅山脉地区，印一欧人社会被称为多格拉王朝。生活在小喜马拉雅山区的加迪人和古加利人，也属于欧洲人集团（已经被南亚化）。加迪人实质上是一种山地民族；他们拥有大量绵羊群和山羊群，只是在冬季才和羊群一道离开他们在外喜马拉雅山脉雪域的住所到山下来，在 6 月则再返回最高处的牧场。古加利人是一个靠绵羊、山羊群和少数牛生活的游牧民族，他们在各种高度为自己的牛羊寻找牧场。

喜马拉雅山脉的经济状况与这一由各种地质带构成的广阔而又多样的地区内可资利用的有限资源相适应。主要经济活动是畜牧业，但是对野生生物群的利用和贸易也举足轻重。喜马拉雅山脉富于经济资源，包括肥沃的耕地、辽阔的草原和森林、可以开采的矿藏及易于驾驭的水力。在西喜马拉雅山脉中最多产的耕地是克什米尔河谷、冈格拉河谷、苏特莱杰河流域和在乌塔拉坎德的恒河及亚穆纳河侧翼的台地；这些地区出产水稻、玉蜀黍、小麦和黍类。在尼泊尔的中喜马拉雅山脉，2/3 的耕地在山麓和毗邻平原；该国水稻大部分产自该地。这一地区也种植大量玉蜀黍、小麦、马铃薯和甘蔗等农作物。

20 世纪 40 年代以来，在喜马拉雅山脉发生的人口激增已经对这些地区的森林施加了巨大的压力。由此导致的为农业夺取空间和为获得木材而砍伐森林的活动已经发展到小喜马拉雅山脉较陡较高的山坡，引发环境退化。

喜马拉雅山脉中的珠穆朗玛峰一直是人类想要证明攀登能力的圣地。自 1841 年，印度总监督官乔治·埃弗里斯特爵士记录下珠穆朗玛峰的地理位置，到 1953 年 5 月 29 日人类首登珠峰成功之后，包括中国在内的世界各地许多登山者在珠峰顶上留下脚印。

2008 年 5 月 8 日第 29 届夏季奥林匹克运动会火炬——祥云，被中国健儿带上了世界最高峰——珠穆朗玛山峰（海拔 8844.43 米）。成为奥运火炬传递史上海拔最高的火炬传递站。

七、阿尔泰山脉

阿尔泰山脉位于中国新疆维吾尔自治区北部和蒙古西部。西北延伸至俄罗斯境内。呈西北—东南走向，斜跨中国、哈萨克斯坦、俄罗斯、蒙古国境，绵延 2000 余千米；中国境内的阿尔泰山属中段南坡，山体长达 500 余千米，海拔 1000～3000 米。主要山脊高度在 3000 米以上，北部的最高峰为友谊峰，海拔 4374 米。

森林线大体处在 1800～1900 米的高度，其占地面积为 1611457 公顷，其中有 1002000 公顷属特级保护区，森林、矿产资源丰富。年平均温度为 0 摄氏度，其中 7 月份高山雪线以下的地区平均温度为 15～17 摄氏度，冬季最低温达到零下 62 摄氏度，年均降水量在 500～700 毫米之间。

地质构造上属阿尔泰地槽褶皱带。山体最早出现于加里东运动，华力西末期形成基本轮廓，此后山体被基本夷为准平原；喜马拉雅运动使得山体沿袭北西向断裂发生断块位移上升，才形成了眼下的阿尔泰山面貌。1931 年发生 8 级地震。并伴随产生近南北向的断层，延续 40～60 千米。

阿尔泰山北部一带丘陵将它们与西西伯利亚平原分隔开来，阿尔泰山东北部与西萨彦岭相接。蒙古阿尔泰山拔地而起成为友谊峰，接着先向东南然后再向东延伸。戈壁阿尔泰山在蒙古首都乌兰巴托西南约 483 千米处开始，占据该国南部，耸立于戈壁瀚海。

阿尔泰山的植物种类达 2000 余种，其中有 17 种属濒危物种，212 种为该地所特有，而最引人注目的当属桤木，它只生长在东阿尔泰地区。森林树种主要以西伯利亚冷杉、落叶松和白杨为主。植物种类的丰富繁茂以及特有的分布归因于该地不同的气候条件和几乎与世隔绝的地理环境。森林—西伯利亚无树大草原、森林、次高山、高山苔原、冰河苔原以及冰雪共同构成了阿尔泰山壮美的风光。森林—西伯利亚无树大草原所占的面积很小，它是西西伯利亚无树大草原和阿尔泰山森林的过渡带；北面的山坡上长满了松树和白桦；雪松、落叶林、矮树丛及高山草场是次高山的典型植被；辽阔的苔原地带则主要生长着苔藓和地衣。

"阿尔泰"在蒙语中意味"金山"，从汉朝就开始开采金矿，至清朝在山中淘金的人曾多达 5 万多人。阿尔泰语系从阿尔泰山得名。有阿尔泰山原住民、俄罗斯人和哈萨克人定居。

阿尔泰山的自然资源丰富多样，有多种矿藏和优良牧场，尤以森林资源中的优质木材在新疆占有重要地位，水力资源亦蕴藏充沛。有谚语称道"阿尔泰山七十二条沟，沟沟有黄金"。阿尔泰山黄金储藏量之高古已有名，清代就有"金夫逾万，产金逾万，列厂十区，矿工数万"的记载。除黄金外，阿尔泰山地还是中国重要的有色金属和稀有金属分布区，总储量占中国相当大的比重。位于阿尔泰山地的可可托海矿区是世界著名的三号矿脉，蕴藏着铍、锂、铌、钽、铯等 70 多种矿产，被誉为世界少有的"稀有金属天然博物馆";另一个柯鲁木特矿区,是新疆第二个稀有金属生产基地,铌精选矿始终在中国同类矿山中居第一位。

八、祁连山脉

祁连山脉位于中国青海省东北部与甘肃省西部边境,是中国境内主要山脉之一。由多条西北—东南走向的平行山脉和宽谷组成。因位于河西走廊南侧,又名南山。东西长800千米,南北宽200~400千米,海拔4000~6000米,共有冰川3306条,面积约2062平方千米。西端在当金山口与阿尔金山脉相接。东端至黄河谷地,与秦岭、六盘山相连。长近1000千米。属褶皱断块山。最宽处在酒泉市与柴达木盆地之间,达300千米。

山脉自西北至东南走向,包括大雪山、托来山、托来南山、野马南山、疏勒南山、党河南山、土尔根达坂山、柴达木山和宗务隆山。山峰多海拔4000~5000米,最高峰疏勒南山的团结峰海拔5808米。海拔4000米以上的山峰终年积雪,山间谷地也在海拔3000~3500米之间。

祁连山为昆仑秦岭地槽褶皱系的一个典型加里东地槽,褶皱迥返于陆相泥盆系磨拉石建造之前。北祁连山及河西走廊见中、下泥盆统不整合于下古生界(如武威杀木寺)及加里东晚期花岗岩(如九条岭南马良沟等)之上;拉脊山见中、下泥盆统不整合于中、上奥陶统之上;南祁连山乌兰大坂见上泥盆统不整合于下志留统之上,代表祁连山主要于加里东晚期褶皱成山,基本由地槽变为地台发展阶段,故晚古生代—中、新生代均为地台盖层沉积。

祁连山的北界为塔里木—阿拉善地台,以大断裂分界。南界与东昆仑和西秦岭褶皱系间也为大断裂所切,两者沉积地层不同，如中吾农山—青海南山石炭、二叠系为冒地槽沉积，局部夹火山岩，而欧龙布鲁克隆起带寒武—奥陶纪时为地台型砂页岩碳酸盐建造，厚700～2000余米。

祁连山储水以冰川为主，冰川融水出流形成祁连山水系。现已查明祁连山共有冰川3066条，总面积2062.72平方千米。储水量1320亿立方米。祁连山水系呈辐射—格状分布。辐射中心位于北纬38°20′，东经99°，由此沿冷龙岭至毛毛山一线，再沿大通山、日月山至青海南山东段一线为内外流域分界线，此线东南侧的黄河支流有庄浪河、大通河、湟水，属外流水系；西北侧的石羊河、黑河、托来河、疏勒河、党河，属河西走廊内陆水系；哈尔腾河、鱼卡河、塔塔棱河、阿让郭勒河，属柴达木的内陆水系；还有青海湖、哈拉湖两独立的内陆水系。河流流量年际变化较小，而季节变化和日变化较大。祁连山脉东部的乌鞘岭、冷龙岭、日月山一线是中国西北地区内流区与外流区的分界线。此线以东的庄浪河、大通河、湟水皆汇入黄河，此线以西的河流皆为内流河。

祁连山区植被较好，有许多天然牧场。自海拔2000米向上，植被垂直带分别为荒漠草原带（海拔2000～2300米）、草原带（2300～2600米）、森林草原带（2600～3200米）、灌丛草原带（3200～3700米）、草甸草原带（3700～4100米）和冰雪带（＞4100米）。其中森林草原带和灌丛草原带是祁连山的水源涵养林，大通河、石羊河、黑河等河流发源于此，是河西走廊绿洲的主要水源。祁连山区的气候变化会直接影响其周围植被的好坏，从而影响当地经济的发展。

生态保护为保护祁连山地区的生态环境，国家于1988年成立了"祁连山国家级自然保护区"。是甘肃省面积最大的森林生态系统和野生动物类型的保护区，地处甘肃、青海两省交界处，东起乌鞘岭的松山，西到当金山口，北临河西走廊，南靠柴达木盆地。地跨天祝、肃南、古浪、凉州、永昌、山丹、民乐、甘州八县（区）。下设 22 个保护站，155 个护林站（点），3 个木材检查站，1 个森林公安局，21 个森林公安派出所，全区共有林业职工 1466 人。区划面积 272.2 万公顷，林业用地 60.7 万公顷，分布有高等植物 1044 种、陆栖脊椎动物 229 种，森林覆盖率 21.3%，境内有冰川 2194 条、储量 615 亿立方米，是中国西北地区重要的水源涵养林区，每年涵养调蓄石羊河、黑河、疏勒河三大内陆河 72.6 亿立方米水源。

九、秦岭

秦岭，分为狭义上的秦岭和广义上的秦岭。狭义上的秦岭，仅限于陕西省南部、渭河与汉江之间的山地，东以灞河与丹江河谷为界，西止于嘉陵江。而广义上的秦岭是横贯中国中部的东西走向山脉。西起甘肃省临潭县北部的白石山，向东经天水南部的麦积山进入陕西。在陕西与河南交界处分为三支，北支为崤山，余脉沿黄河南岸向东延伸，通称邙山；中支为熊耳山；南支为伏牛山。长约 1600 多千米，为黄河支流渭河与长江支流嘉陵江、汉水的分水岭。由于秦岭南北的温度、气候、地形均呈现差异性变化，因而秦岭—淮河一线成为中国地理上最重要的南北分界线。

秦岭被尊为华夏文明的龙脉，主峰太白山高 3771.2 米，在陕西省宝鸡市境内。秦岭为陕西省内关中平原与陕南地区的界山。

秦岭山地是古老的褶皱断层山地，秦岭北部早在4亿年前就已上升为陆地，遭受剥蚀；秦岭南部却淹于海水之中，接受了古生时期的沉积。在距今3.75亿年的加里东运动中，秦岭南部隆起，露出海面。2.3亿年前晚古生代的海西运动时，秦岭北部也崛起上升，至三叠纪时，因距今1.95亿年的印支运动的影响，秦岭与海完全隔绝，雄伟的身姿基本成型。进入中生代以后，秦岭林区以剥蚀为主，是周围低洼地区的供给地。距今约8000万年的燕山运动使秦岭在形成以断块活动为主的南北褶皱带构造格架后，秦岭又在喜马拉雅山运动的强烈改造下，经大幅度的块断式垂直升降运动而最终形成了现今秦岭的格局。

秦岭地区野生动物中有大熊猫、金丝猴、羚牛等珍贵品种，鸟类有国家一类保护对象朱鹮和黑鹳。秦岭现设有国家级太白山自然保护区和佛坪自然保护区。其中，大熊猫、金丝猴、羚牛、朱鹮被并称为"秦岭四宝"。在秦岭里，还藏匿着鬣羚、斑羚、野猪、黑熊、林麝、小鹿、刺猬、竹鼠、鼯鼠、松鼠等数不清的哺乳动物，以及堪称世上最为丰富的雉鸡类族群。

秦岭南北的动物也有较大差别。就兽类来说，以秦岭为分布北界的有23种，占兽类总数的42%。秦岭以南的兽类中，有不少南方成分，如华氏菊蝠、金丝猴、大熊猫、猪獾、大灵猫、小灵猫、云豹、羚牛、苏门羚、豪猪等。而分布于秦岭以北的兽类，只有8种，占兽类总数的10%，主要有白股阔蝠和黄鼠等。

秦岭地区的秦巴山区跨越商洛、安康、汉中等地区，一直延伸至河南省，自然资源比较丰富。素有"南北植物荟萃、南北生物物种库"之美誉。特色产品繁多，如核桃、柿子、板栗、木耳，核桃、板栗、柿子产量居全省之首，核桃产量占全国的六分之一；它还是全国有名的"天然药库"。中草药种类 1119 种，列入国家"中草药资源调查表"的达286 种。比较而言，秦岭被子植物中约有木本植物 70 科、210 属、1000 多种，其中常绿阔叶木本植物占 38 科、70 属、177 种，除个别树种外，南坡都有生长，而北坡只有 21 属、46 种。

秦岭以南，柑橘、茶、油桐、枇杷、竹子等亚热带标志植物均可生长良好，而秦岭以北柑橘绝迹，却盛产苹果、梨等温带水果。

秦岭地区的关中平原盆地区南部山地矿产资源丰富，不仅金矿、钼矿等蕴藏丰富，而且有大量的非金属矿和建材石料，为发展冶金、建材工业提供了丰富的资源，其中潼关、太白的金矿，金堆城钼矿，蓝田玉石等最为著名。

秦岭地区的秦巴山区矿产资源含量高，主要矿产金、银、煤、钒、铝、锌等，钾长石储量位居全国第一，世界第二，钒矿亚洲第一。

秦岭水资源十分丰富。有黄河最大的一级支流渭河，发源于今甘肃省定西市渭源县鸟鼠山，主要流经今甘肃天水、陕西省关中平原的宝鸡、咸阳、西安、渭南等地，至渭南市潼关县汇入黄河。

秦岭旅游资源十分发达。麦积山石窟为中国四大石窟之一，被誉为"东方雕塑馆"，位于秦岭山脉西段，山体悬崖壁立，状若积麦。自后秦时期开始凿刻，窟龛凿于高 20～80 米、宽 200 米的垂直崖面上。存有窟龛 194 个，其中东崖 54

窟，西崖 140 窟，泥塑、石胎泥塑、石雕造像 7800 余尊，最大的造像东崖大佛高 15.8 米，壁画 1000 余平方米。

另外，秦岭的山谷众多，因而得名七十二峪，它们分布在北坡的潼关县、华阴、华县、渭南市、蓝田县、长安区、户县、周至县、眉县内，其中著名的山峪有华山峪、大敷峪、文仙峪、蒲峪等。

十、念青唐古拉山脉

念青唐古拉山脉属于断块山，位于中国西藏自治区。横贯西藏中东部，为冈底斯山向东的延续，东南延伸与横断山脉西南部的伯舒拉岭相接，中部略为向北凸出，同时将西藏划分成藏北、藏南、藏东南三大区域。

念青唐古拉山地区受东西向的怒江断裂带和雅鲁藏布江断裂带的控制，挤压断裂褶皱形成了海拔平均 6000 米以上的高大山系，它的山脊线位于当雄—羊八井以西，全长 1400 千米，平均宽 80 千米，海拔 5000～6000 米，主峰念青唐古拉峰海拔 7111 米，终年白雪皑皑。

念青唐古拉山脉同时也是青藏高原东南部最大的冰川区。西段为内流区和外流区分界，东段为雅鲁藏布江和怒江分水岭。西北侧为藏北大湖区，其中最大的是纳木错湖。

念青唐古拉山脉近东西走向。西自东经 90°左右处的冈底斯山脉尾闾起，向东北延伸至那曲附近又随北西向的断裂带而呈弧形拐弯折向东南，接入横断山脉西北部的伯舒拉岭。山脉形成于燕山运动晚期，地质构造复杂，为一系列向东逆冲的褶皱山带，沿山带南侧均有深大断裂通过。西段为断块山，南侧当雄盆地为一断裂凹陷，故南侧地势陡峭，相对高差达 2000 米左右，地势雄伟；北侧山势较和缓，相对高差 1000 米左右。

念青唐古拉山有三条主要山脊：西山脊、东山脊和南山脊。受地形影响该地区冰川发育受到很大的限制。北坡附近，主要以横向的山谷冰川和悬冰川为主，悬冰川冰舌末端往往高达 5700 米。南北两侧的峡谷中横卧着两条冰川，直泻而下，多冰陡墙和明暗裂缝，险恶万分而又奇特壮观。这地区的粒雪线也比其他地区为高，达 5800 米以上。

念青唐古拉山脉以山谷冰川为主的现代冰川发育，冰川面积 7536 平方千米，为青藏高原东南部最大的冰川区。山脉东段冰川分布集中，占整条山脉冰川总面积的 5/6，且有 90％分布于南侧迎风坡上，为中国海洋性冰川集中地区之一。其中有 27 条冰川长度超过 10 千米，许多冰川末端已伸入到森林地带。如易贡八玉沟的卡钦冰川长达 33 千米，冰川末端海拔仅 2530 米，为西藏最大冰川，也是中国最大的海洋性冰川。西藏 5100 冰川矿泉水的水源地即位于念青唐古拉山脉南麓，当雄断陷盆地北侧。古冰斗、"U"形槽谷、终碛垄堤、羊背石、冰碛丘阜及冰蚀湖、堰塞湖（如然乌错、易贡错）等古冰川遗迹分布较多。它主峰西北边山麓那里有着中国第二大的咸水湖——纳木错，是世界上最高的大湖，主峰南麓那里是景色秀丽的羊八井谷地。由于气温升高，21 世纪以来，念青唐古拉山脉的冰川退缩加剧，将对区域水文和生态环境产生重大的影响。

山脉西段位于半干旱气候地区，发育有大陆性冰川，面积小、规模有限，雪线高度升高到 5700 米。然而，西段山脉却是青藏高原上一条重要的地理界线，与冈底斯山脉同样，不仅是内外流水系分水岭，也是高原上寒冷气候带与温暖

（凉）气候带的界线。界线以北的羌塘高原以高寒草原景观占优势，土地利用以牧业为主；界线以南即通常所称的"藏南地区"，为亚高山草原与山地（河谷）中旱生灌丛草原景观，种植业集中，为著名的"西藏粮仓"。

在山地自然景观垂直分异上，西段也较简单，一般以高寒草原或草甸为基带，上接高山寒冻风化带，没有森林带；东段山脉的垂直带谱结构较复杂，属海洋性湿润型，以云杉、冷杉为主的山地寒温带暗针叶林带占优势，上限可达海拔 4400 米。针叶林带具有林木生长快、蓄积量高的特点。例如波密一带的云杉林每公顷达 1500～2000 立方米，为西藏主要林产区之一。在海拔较低的易贡、通麦等暖热地区尚有以高山栎、青冈为代表的常绿阔叶林及铁杉林分布。在森林带以上则为高山灌丛草甸及高山草甸带，面积较广，为当地主要天然夏季牧场，适宜放养牦牛、绵羊等牲畜。青藏、川藏两条重要公路干线穿越念青唐古拉山脉。桑雄拉与安久拉分别为山脉西段与东段的主要山口。

主峰南麓是景色秀丽的羊八井谷地，这条谷地处在念青唐古拉山与冈底斯山中间的一条巨大地质断裂带上。地热资源十分丰富，是已知中国最大的高温地热湿蒸汽田。这里除分布有常见的温泉、喷泉外，还有喷气孔、热水河、热水湖、热水沼泽等，是世界上少见的地热"博物馆"。全年放出的热量相当于燃烧 47 万吨标准煤。现已打好生产井四十多眼，是世界上海拔最高和中国最大的地热开发项目。这里现建有中国最大的地热电站：旅游温室和温泉浴馆，这里的浴水滑润而富有弹性。

念青唐古拉山脉地区是中国登山运动的摇篮之一。早在 1959 年冬，中国登山队就曾在东峰附近进行冰雪攀登训练。1986 年中国对外开放了这一山峰，日本东北大学于该年 3～5 月从南坡沿西南支脊线转西北脊攀登了海拔 7163 米的主峰，并有三人登顶。1990 年，一支奥地利登山队登上了海拔 7117 米的中央峰。1992 年，北京大学登山队拉加才仁、李锐、吴海军成功地登上了海拔 7117 米的中央峰。

七大洲与四大洋

七大洲、四大洋分别是亚洲、欧洲、南美洲、北美洲、非洲、大洋洲、南极洲，北冰洋、大西洋、太平洋、印度洋。

一、亚洲

亚洲是世界三大宗教佛教、伊斯兰教、基督教的发源地。亚洲是全世界人口最多的一个洲，同时也是人口密度最大的洲。其覆盖地球总面积的 8.7%（或者总陆地面积的 29.4%）。人口总数约为 40 亿，占世界总人口的约 60.5%（2010 年）。

亚洲绝大部分地区位于北半球和东半球。亚洲与非洲的分界线为苏伊士运河。苏伊士运河以东为亚洲。亚洲与欧洲的分界线为乌拉尔山脉、乌拉尔河、里海、大高加索山脉、土耳其海峡和黑海。乌拉尔山脉以东及大高加索山脉，里海和黑海以南为亚洲。

大陆东至白令海峡的杰日尼奥夫角（169°40′E，60°5′N），南至丹绒比亚（103°31′E，1°16′N），西至巴巴角（26°3′E，

39°27′N)，北至切柳斯金角（104°18′E，77°43′N），最高峰为珠穆朗玛峰。跨越经纬度十分广，东西时差达 11－13h。西部与欧洲相连，形成地球上最大的陆块欧亚大陆。

亚洲的历史和文化都非常悠久。世界四大文明古国中的中国、印度和古巴比伦都位于亚洲大陆。亚洲的经济和文化水平曾经在世界上长期居于领先地位，中国的四大发明，印度人发现"0"、发明阿拉伯数字等等，许多科学上的发明创造，都为世界做出了巨大贡献。

亚洲地势起伏很大，中部高，四围低。东部有一列纵长的花朵状岛弧。平均海拔约 950 米，是除南极洲外世界上地势最高的一洲。山地、高原和丘陵约占总面积的 3/4，其中有 1/3 的地区海拔在 1000 米以上。世界上海拔 8000 米以上的高峰，全分布在喀喇昆仑山脉和喜马拉雅山脉地带。平原占总面积的 1/4，计 1000 多万平方千米。全洲大致以帕米尔高原为中心，一系列高大山脉向四方辐射伸延到大陆边缘。亚洲的地形主要有天山山脉、昆仑山脉、喜马拉雅山脉、阿尔泰山脉、兴都库什山脉、厄尔布尔士山脉、托罗斯山脉和扎格罗斯山脉等。在以上主干山脉之间有青藏高原、蒙古高原、伊朗高原、安纳托利亚高原、德干高原、阿拉伯高原、中西伯利亚高原和塔里木盆地、准噶尔盆地、柴达木盆地等。在山地、高原的外侧分布着面积广大的平原，主要有东北平原、华北平原、长江中下游平原、印度河平原、恒河平原、美索不达米亚平原、西西伯利亚平原等。亚洲既有世界上最高的高原（青藏高原）、山脉和山峰（珠穆朗玛峰，海拔 8844.43 米），又有世界上著名的平原（西西伯利亚平原）和洼地（死海）。亚洲不仅陆上起伏极端，且大陆东缘的弧形列岛与太平洋的海底部分也同样表现出起伏极端，列岛上的山脉与极深的海沟伴生。亚洲最高峰与邻近海域最深海沟高低相差约 20 千米。

亚洲大陆跨寒、温、热三带。气候的主要特征是气候类型复杂多样、季风气候典型和大陆性显著。

亚洲有许多大河，大都源于中部高山地带，呈放射状向四面奔流。流入太平洋的河流有黑龙江、黄河、长江、珠江、湄公河等；流入印度洋的有印度河、恒河、萨尔温江、伊洛瓦底江、底格里斯河、幼发拉底河等；流入北冰洋的有鄂毕河、叶尼塞河、勒拿河等。内流河主要分布于亚洲中西部干旱地区，有锡尔河、阿姆河、伊犁河、塔里木河、约旦河等。亚洲落差最大的瀑布是印度西南沿海施腊巴提河上的焦格瀑布，落差 253 米。亚洲湖泊较之其他洲不算太多，但不少湖泊具有特色，闻名世界。如亚欧界湖里海是世界第一大湖、最大的咸水湖；贝加尔湖是世界上最深的湖、亚洲最大的淡水湖；死海是世界上最低的洼地；巴尔喀什湖是一个同时存在着淡水和咸水的内陆湖。亚洲湖泊分布较广，大致可分北亚、中亚、西亚以及青藏高原和长江中、下游五大湖群。

亚洲矿物种类多、储量大，主要有石油、煤、铁、锡、钨、锑、铜、铅、锌、锰、镍、钼、镁、铬、金、银、岩盐、硫黄、宝石等。其中石油、镁、铁、锡等的储量均居各洲首位。

森林总面积约占世界森林总面积的 13%。用材林 2/3 以上已开发利用。人工造林有一定的发展。俄罗斯的亚洲部分、中国的东北、朝鲜的北部，是世界上分布广阔的针叶林地区，蓄积量丰富，珍贵用材树种很多。中国的华南、西南，日本山地的南坡，喜马拉雅山南坡植物特别丰富，除普通阔叶树种外，还有棕榈、蒲葵、杉属、水杉属等。东南亚的热带森林在世界森林中占重要地位，以恒定、丰富的植物群落著称。其主要树种是龙脑香科，还有树状蕨纲、银杏、苏铁等"活化石"。亚洲草原总面积约占世界草原总面积的 15%。

亚洲各国可开发的水力资源估计年可发电量达 2.6 万亿度，占世界可开发水力资源量的 27%。

截至 2007 年上半年，亚洲人口 35.13 亿，世界人口 65.67 亿，人口自然增长率位于世界第三，仅次于非洲和拉丁美洲。人口 1 亿以上的有中国、印度、印度尼西亚、日本、孟加拉国和巴基斯坦。城市人口约占全洲人口的 18%。人口分布以中国东部、日本太平洋沿岸、爪哇岛、恒河流域、印度半岛南部等地最密集，每平方千米达 300 人以上。亚洲人口最多的国家是中国，第二是印度。新加坡平均每平方千米可达 4400 多人，是亚洲人口密度最大的国家。人口密度最小的国家是蒙古，平均每平方千米仅 1 人多；沙特阿拉伯、阿曼等国家平均每平方千米 5~7 人。亚洲的种族、民族构成非常复杂，尤以南亚为甚。黄种人（又称蒙古人种）为主要人种。其余为白种人、棕色人及人种的混合类型。全洲大小民族、种族共有约一千个，约占世界民族、种族总数的 80%。其中有十几亿人口的汉族，也有人数仅几百的民族或部族。

亚洲国家的政体非常复杂，几乎包括了世界上所有形式的政府结构，也是世界热点地区。区域合作在亚洲正在方兴未艾，区域合作最有希望的地方是东南亚，东南亚国家联盟有 10 个成员国：文莱、柬埔寨、印度尼西亚、老挝、马来西亚、缅甸、菲律宾、新加坡、泰国和越南。总面积约 450 万平方千米，人口约 5.12 亿。还有一个观察员国：巴布亚新几内亚。东盟国家开动了和中华人民共和国、日本、韩国三个东亚国家的对话机制，并确定于 2010 年和中华人民共和国建立中国－东盟自由贸易区，中华人民共和国已经和泰国先期启动水果蔬菜零关税机制。

　　亚洲各国中，除日本、新加坡、韩国为发达国家外，其余均是发展中国家，各国经济都有一定的发展。许多国家发挥其自然条件和资源的优势，经营多种热带和亚热带作物；积极勘探、开采矿产资源；大力发展制造业，使经济体制由以农业、矿业为主的"单一"向"多元化"方向发展，亚洲的工业、农业和交通运输业在世界经济中已占重要地位，畜牧业、渔业也很发达。

　　由于亚洲地区地域广大，民族众多，文化的多样性很强，差异很大，几乎没有统一的"亚洲文化"。所有的世界性宗教都诞生于亚洲，如基督教、佛教、伊斯兰教、印度教等。在 18 世纪工业革命开始之前，由于世界的经济重心在亚洲，所以大部分人类的技术成就都产生于亚洲。早在公元前 3000 年，亚洲人已经发明了烧制陶器和冶炼矿石，亚洲的苏美尔人首先发明了文字和系统的灌溉工程，中亚的游牧民族发明了马鞍、挽具和车轮，中国人发明了瓷器、马镫、火药、指南针、造纸术和印刷术，并最早种植稻谷。印度人和阿拉伯人发明了十进位计算技术。亚洲各种地方性的医药技术即使今天也非常有效，还在很多地区使用。西方和东方的许多乐器是有同一起源的，所以非常相似，如小提琴和二胡，吉他和琵琶，双簧管和唢呐，几乎相同的东西方笛子。其实这些乐器多数都是起源于中东地区。

中国、阿拉伯、印度等各亚洲民族的文化对世界文化有着巨大影响。

二、非洲

非洲位于亚洲的西南面，东半球的西南部，地跨赤道南北。东濒印度洋，西临大西洋，北隔地中海与欧洲相望，东北隅以狭长的红海与苏伊士运河紧邻亚洲。非洲面积3020万平方千米，南北长约8000千米，东西长约7403千米。约占世界陆地总面积的20.2%，世界第二大洲。非洲大陆东至哈丰角（东经51°24′、北纬10°27′），南至厄加勒斯角（东经20°02′、南纬34°51′），西至佛得角（西经17°33′、北纬14°45′），北至本塞卡角（东经9°50′、北纬37°21′）。

世界第二大洲非洲的沙漠面积约占全洲面积的1/3，为沙漠面积最大的洲，其中，撒哈拉沙漠是世界上最大的沙漠。非洲东部还有世界上最大的裂谷带（东非大裂谷），另外，除了沙漠，非洲也有郁郁葱葱的森林和一望无际的大草原。非洲最大的岛是马达加斯加岛。非洲的尼罗河流域是世界古代文明的摇篮之一。

尼罗河下游的埃及是世界四大文明古国之一。古埃及在建筑、雕刻和绘画等艺术方面也取得了巨大成就。至今巍然屹立在尼罗河畔开罗附近的宏伟金字塔和狮身人面像是公元前27世纪前后古埃及人的杰作，它们是人类建筑史上的奇迹。

非洲面积最大和最小的国家分别为阿尔及利亚和群岛国塞舌尔；而非洲大陆最小的国家则是冈比亚。在地理上习惯分为北非、东非、西非、中非和南非五个地区，近60个国家和地区。非洲东部和南部是埃塞俄比亚高原、东非高原、南非高原，中部为刚果盆地。

非洲有"热带大陆"之称，其气候特点是高温、少雨、干燥，气候带分布呈南北对称状。赤道横贯中央，气温一般随纬度增加而降低。全洲年平均气温在20℃以上的地带约占全洲面积95%，其中一半以上的地区终年炎热，有将近一半的地区有着炎热的暖季和温暖的凉季。埃塞俄比亚东北部的达洛尔年平均气温为34.5℃，是世界年平均气温最高的地方之一。

非洲矿物资源丰富，不仅种类丰富，而且储量大。已知的石油、铜、金、金刚石、铝土矿、磷酸盐、铌和钴的储量在世界上均占有很大比重。石油主要分布在北非和大西洋沿岸各国，利比亚、阿尔及利亚、埃及、尼日利亚是非洲重要的石油生产国和输出国。估计占世界总储量12%左右。铜主要分布在赞比亚与扎伊尔的沙巴区。非洲南部的黄金和金刚石储量和产量都占世界首位。金主要分布在南非、加纳、津巴布韦和刚果（金），钻石主要分布在刚果（金）、南非、博茨瓦纳、加纳、纳米比亚等地。此外还有锰、锑、铬、钒、铀、铂、锂、铁、锡、石棉等。森林面积约占全洲面积的21%。

非洲植物的成长受降雨、气温、地质种类和土壤种类等相互作用的直接影响，还因意外的火灾、人类的种植、放牧、牲畜的吃草等而进一步减产。全非洲的陆地总面积中，森林约占1/5；林木区、灌木丛林、草场和其他丛林等约2/5，余下的2/5为沙漠及其延伸出去的边沿地。

据联合国教科文组织统计，非洲的水资源危机每年致使

6000 人死亡，约有 3 亿非洲人口因为缺水而过着贫苦的生活。在未来的 20 年里，非洲至少有 5 亿人口将由于缺水而生活在困境中。这将进一步导致他们由于缺少用于灌溉农作物的水，使得农业产量会继续减少。专家认为，未来 23 年，由于缺乏足够的水，非洲粮食产量将减少 23％。而有的专家则认为，非洲的天然水资源并不缺少，但贫穷的非洲没有管理好这些宝贵的水资源，从而使水资源危机的形势日趋严峻。非洲三分之一人口缺乏饮用水，而有近半数的非洲人因饮用不洁净水而染病，分析人士认为，如果缺乏饮用水的状况得不到改善，那么今后还会有非洲国家将严重缺水，而水资源问题也很可能会成为一些非洲国家之间发生纷争或冲突的导火线。据统计，为了解决非洲人口的水资源短缺问题，每年需要投资 200 亿美元。一些非洲国家的供水投资只占财政预算的 1％。专家指出，水资源短缺将是导致社会矛盾和政治冲突的潜在因素，供水困难将会对非洲人民的经济发展和生活健康带来巨大危机！

非洲人口有 10 亿，占世界总人口 15％。城市人口约占全洲人口 26％，预计 2050 年将达 20 亿人。人口分布以尼罗河中下游河谷、西北非沿海、几内亚湾北部沿岸、东非高原和沿海、马达加斯加岛的东部、南非的东南部比较密集，广大的撒哈拉沙漠地区平均每平方千米还不到一人，是世界人口最稀少的地区之一。居民主要分属于黑种人（尼格罗-澳大利亚人种）和白种人（欧罗巴人种）。根据语言近似的程度，非洲的语言属下列基本语系：苏丹语系，属此语系的居民占全洲人口 32％，肤色黝黑，分布在撒哈拉以南，赤道以北，埃塞俄比亚以西至大西洋沿岸的地带。班图语系，属此语系的居民占全洲人口 30％，肤色浅黑，分布在赤道以南地区。闪米特-含来特语系，属此语系的阿拉伯人占全洲人口 21％，占世界阿拉伯人总数的 66％，主要分布在北非各国。此外还有少数黄种人，如属于马来—波利尼西亚语系的马达加斯加人。欧洲白种人仅占全洲人口的 2％，主要分布在非洲南部地区。非洲居民多信基督教、伊斯兰教，少数信原始宗教。

非洲是全球最贫穷的大洲，非洲贫穷的原因有部分是因为其动荡的历史。非洲非殖民化的不稳定加剧了冷战冲突。自 20 世纪中期，冷战、贪污和专制统治也令非洲的经济更加不景气。

非洲经济展望报告特别提到：自 2001 年以来，非洲与中国的贸易增加了 10 倍，2008 年更达到了 1000 亿美元。中国和印度的经济迅速增长，而拉丁美洲也经历了温和增长，使数以百万计的人得以脱贫。相比之下，非洲的许多地区在外贸、投资、人均收入和其他方面的经济增长却停滞不前，甚至倒退。贫穷对非洲有很大的影响，包括较低的预期寿命、暴力和不稳定，这些问题反过来又持续影响了非洲大陆的发展。然而，数据显示部分非洲大陆正在经历快速的增长。世界银行的报告指出，撒哈拉以南非洲国家的经济增长速度已追得上全球经济增长的比率。在经济发展最快的非洲国家甚至出现了大大高于全球平均水平的情况。在 2007 年，增长速度最高的国家包括毛里塔尼亚 19.8％、安哥拉 17.6％、苏丹 9.6％、莫桑比克 7.9％和马拉维 7.8％。

许多国际机构对新兴非洲国家的经济现代化越来越有兴趣，尤其是在全球经济衰退的时候，非洲的经济却继续保持高速增长。

虽然在组织经济合作与发展（经合组织）中没有任何非洲国家加入了发达国家之列，但整个非洲并非完全的贫穷不堪，而在财富方面也有很大的变量。在非洲北边的阿拉伯国家长期以来一直和欧洲及中东等发达国家和地区的经济紧密联系在一起，而南非是非洲最富有的国家，无论是国内生产总值，还是人均国内生产总值也是全非洲最高的。它邻近的国家也能从中分享南非的财富。一些细小但石油藏量丰富的国家如加蓬和赤道几内亚，也加入非洲 10个最富有的国家之列。

三、北美洲

北亚美利加洲，简称北美洲（North America），位于西半球北部，是世界上经济最发达的大洲，其中美国是世界霸主，引领世界的经济、政治。北美大部分面积都为发达国家，有着极高的人类发展指数和经济水平，其东临大西洋，西临太平洋，北临北冰洋，南以巴拿马运河为界与南美洲相分，东面隔丹麦海峡与欧洲隔海相望，地理位置优越。面积为 2422.8 万平方千米（包括附近岛屿），约占世界陆地总面积的 16.2%，是世界第三大洲。通用英语、西班牙语，其次是法语、荷兰语、印第安语等。

地理区域分为东部地区（拉布拉多高原阿巴拉契亚山脉以东的地区）、中部地区（拉布拉多高原阿巴拉契亚山脉与落基山脉之间）、西部地区（属美洲科迪勒拉山系北段，落基山脉是本区骨架，较小的有海岸山脉）、阿拉斯加、加拿大北极群岛、格陵兰岛、墨西哥、中美洲和西印度群岛 9 个地区。

第二章　陆地和海洋

北美洲包括：巴哈马、伯利兹、美国、巴巴多斯、加拿大、哥斯达黎加、古巴、萨尔瓦多、格林纳达、危地马拉、洪都拉斯、海地、牙买加、圣卢西亚、墨西哥、尼加拉瓜、巴拿马、多米尼加、多米尼克、圣文森特和格林纳丁斯、特立尼达和多巴哥、安提瓜和巴布达、圣基茨和尼维斯、波多黎各、荷属安的列斯。是世界上岛国最多的大洲。

约占世界总人口的 8%。全洲人口分布很不均衡，人口绝大部分分布在东南部地区，其中以纽约附近和伊利湖周围人口密度最大，每平方千米在 200 人以上；而面积广大的北部地区和美国西部内陆地区人口稀少，每平方千米不到 1 人。

民族：大部分居民是欧洲移民的后裔，其中以盎格鲁-撒克逊人最多；其次是印第安人、黑人、混血种人。此外还有因纽特人、波多黎各人、犹太人、日本人和华人等。语言通用英语、西班牙语，其次是法语、荷兰语、印第安语等。

大陆海岸线长约 6 万千米。西部的北段、北部和东部海岸比较曲折，多岛屿和峡湾；南半部海岸较平直。

全洲海拔 200 米以下的平原约占 20%，海拔 200～500 米的平原和丘陵约占 22%，海拔 500 米以上的高原和山地约占 58%，全洲平均海拔 700 米。大陆地形的基本特征是南北走向的山脉分布于东西两侧与海岸平行，大平原分布于中部。

北美洲西部沿海地区是太平洋沿岸火山带的一部分。北美洲有活火山 90 多座，其中阿留申群岛有 28 座，阿拉斯加有 20 座，中美洲有 40 多座。北美洲西部也是世界上地震频繁和多强烈地震的地带。

北美洲的外流区域约占全洲面积的 88%，其中属大西洋流域的面积约占全洲的 48%，属太平洋流域的各约占 20%。除圣劳伦斯河外，所有大河都发源于落基山脉。落基山脉以东的河流分别流入大西洋和北冰洋，以西的河流注入太平洋。内流区域（包括无流区）约占全洲面积的 12%，主要分布在美国西部大盆地及格陵兰岛。密西西比河是北美洲最大的河流，按长度为世界第四大河。其次为马更些河、育空河、圣劳伦斯河和格兰德河等。

北美洲的河流上多瀑布，落差最大的瀑布是美国西部约塞米蒂国家公园的约塞米蒂瀑布，落差达 700 米。尼亚加拉瀑布，落差 51 米，宽 1240 米。北美洲是个多湖泊的大陆，淡水湖总面积约 40 万平方千米，居各洲首位。湖泊主要分布在大陆的北半部。中部高原区的五大湖：苏必利尔湖、休伦湖、密歇根湖、伊利湖、安大略湖，总面积为 245273 平方千米，是世界上最大的淡水湖群，有"北美地中海"之称。其中以苏必利尔湖面积最大，为世界第一大淡水湖。

北美洲地跨热带、温带、寒带，气候复杂多样。以温带大陆性气候和亚寒带针叶林气候为主。北部在北极圈内，为冰雪世界。南部加勒比海受赤道暖流之益，但有热带飓风侵袭。大陆中部广大地区位于北温带。由于所有的山脉都是南北或近似南北走向，故从太平洋来的湿润空气仅达西部沿海地区；从北冰洋来的冷空气可以经过中部平原长驱南下；从热带大西洋吹来的湿润空气也可以经过中部平原深入到北部，故北美洲的气候很不稳定，冬季时而寒冷，时而解冻，墨西哥湾沿岸的亚热带地区，冬季也会发生严寒和下雪的现象。

北美洲最冷月（1月）平均气温低于 0℃ 的地区，约占全洲面积的 3/4，整个北极群岛（北美大陆以北、格陵兰岛以西众多岛屿的总称）及格陵兰岛的大部分地区都低于－32℃，格陵兰岛中部低达－50℃，成为西半球的寒极区。夏季全洲普遍增温，最热月（7 月，沿海多为 8 月）平均气温格陵兰岛中部为 0～3℃，成为北半球夏季最凉的地区；其余广大地区都在 0～32℃之间，其中 20℃以上的地区约占全洲面积一半以上，30℃以上的地区面积较小。美国西南部的死谷，极端最高气温曾达 56.7℃，为全洲最热地区。北美洲东部地区降水较多。

加拿大和格陵兰岛的东南部、美国的东部、加拿大和阿拉斯加的太平洋沿岸地区年降水量约为 500～300 毫米；加拿大和阿拉斯加的太平洋沿岸高达 2000 毫米以上，为北美洲降水最多的地区；佛罗里达半岛、落基山脉东麓及大平原、育空高原年降水量 250～100 毫米；加勒比海地区属热带雨林气候，终年高温多雨。降水量最少的地区是美国大盆地西南部、科罗拉多河下游以及北极群岛和格陵兰岛的北部，年平均降水量都不到 100 毫米。每年 5 月，北美洲东南部常受飓风侵袭，往往造成严重灾害。北美洲中部和北部冬季常吹寒冷而强烈的暴风和陆龙卷风。西风在翻越落基山脉后，于东麓形成钦诺克焚风。

美国和加拿大是经济发达的国家，工业基础雄厚、生产能力巨大、科学技术先进。农、林、牧、渔业也极为发达。北美洲其他国家除墨西哥有一些工业基础外，多为单一经济国家。北美洲采矿业规模较大，主要开采煤、原油、天然气、铁、铜、铅、锌、镍、硫黄等，而锡、锰、铬、钴、铝土矿、金刚石、硝石、锑、钽、铌以及天然橡胶等重要的战略原料几乎全部或大部靠进口。主要工业品产量在世界总产量中的比重为：生铁、钢、铜、锌等均占20％左右，铝占40％以上，汽车约占37％。

北美洲农业生产专门化、商品化和机械化程度都很高。中部平原是世界著名的农业区之一，农作物以玉米、小麦、水稻、棉花、大豆、烟草为主，其大豆、玉米和小麦产量在世界农业中占重要地位。中美洲、西印度群岛诸国和地区主要生产甘蔗、香蕉、咖啡、可可等热带作物。

北美洲铁路总长42万多千米。内河通航里程约5.5万多千米。公路四通八达。美国东北部是交通最发达的地区，其次是美国中部、东南部、西部沿海地区；加拿大东南部；墨西哥东部，以公路和铁路运输为主。古巴的糖厂铁路专用线较发达。加拿大中部地区的夏季河运、冬季雪橇运输也很重要。北部沿海地区以雪橇运输为主。

北美洲大部分地区已经过勘查。主要矿物是石油、天然气、煤炭、铁、铜、镍、铀、铅、锌等。北美洲的森林面积约占全洲面积的30％，约占世界森林总面积的18％。主要分布在西部山地，盛产达格拉斯黄杉、巨型金针柏、奴特卡花柏、糖槭、松、红杉、铁杉等林木。草原面积占全洲面积14.5％，约占世界草原面积的11％。北美洲可开发的水力资源蕴藏量约为2.48亿，占世界水利资源蕴藏量的8.9％，已开发的水利资源为5360万千瓦，占世界的34.7％。

北美洲沿海渔场的面积约占世界沿海渔场总面积的20％，西部和加拿大东部的边缘海区为主要渔场，盛产鲑、鲽、鳕、鲭、鳗、鲱、沙丁、比目、萨门等鱼类，在加拿大东部边缘海区还产鲸。北部沿海有海象、海豹以及北极熊等。

四、南美洲

南美洲是南亚美利加洲的简称，位于西半球南部，东面是大西洋，西为太平洋。陆地以巴拿马运河为界与北美洲相分，南面隔海与南极洲相望。总面积1797万平方千米（含附近岛屿），占世界陆地总面积的12%，按面积大小排是七大洲中的第四个。南美洲海岸线长28700千米。海岸较为平直，少岛屿和海湾。南美洲大陆的地形可分为三个南北方向的纵列带：西部为狭长的安第斯山脉，东部为波状起伏的高原，中部为广阔平坦的平原低地。安第斯山脉长9000千米，是世界最长的山脉，阿空加瓜山海拔6960米，是南美洲最高峰；东部为巴西高原、圭亚那高原和巴塔哥尼亚高原，其中巴西高原面积500万平方千米，是世界最大的高原；中部为奥里诺科平原、亚马孙平原和拉普拉塔平原，是世界最大的冲积平原。

南美洲大部分地区属热带雨林和热带草原气候，温暖湿润。

南美洲的自然资源丰富。石油、铁、铜等储量皆居世界前列。森林面积占到世界森林总面积的23%，草原面积占世界草原总面积的14%，渔业资源和水力资源也十分丰富。

南美洲是拉丁美洲的一部分。南美地区原为印第安人的居住地。印第安人创造了灿烂的古代文明，在南美洲大地上建立过不少王国。15世纪后，它们先后沦为西班牙等国的殖民地。殖民统治时期，原有的土著居民，人口逐渐减少，而欧洲白人移入数量又逐年增多。部分印第安人与白人混血。另外，为了适应种植业的需要，弥补印第安人劳动力的不足，从非洲贩入不少黑奴。久而久之，南美洲形成了以白人和印欧混血种人为主的大陆。

西班牙的殖民统治和压迫是残酷的。殖民地的白人和混血种人是这种统治首当其冲的受害者。在美国独立战争、法国大革命的影响下，18世纪末到19世纪初，在南美洲大地上掀起了以白人和印欧混血种人为主体的风起云涌的独立解放运动。一时间，出现了西蒙·玻利瓦尔、圣马丁、奥希金斯等一批独立战争的英雄。经过多年的较量，西班牙殖民者以失败而告终，南美各国在19世纪20年代纷纷独立。

第二次世界大战之后，南美洲的经济得到较快发展。其中巴西和阿根廷发展最快。

如今去南美旅游的人们也许不只是为了领略神秘的原始森林和狂热的桑巴舞，他们还能在那里完成"美丽变身"。将旅游和整形结合起来的整形手术旅游，正吸引着越来越多来自世界各地的顾客。

阿根廷等南美国家不仅货币汇率较低，还聚集了一批整形界权威医师。每年都有成千上万来自欧洲、美国和加拿大的顾客预约整形。

阿根廷2002年遭遇经济危机，导致货币贬值。相对低廉的物价吸引来了一批国外游客。首都布宜诺斯艾利斯刮起一阵隆胸风，精明的商家开始整合旅游产业和美容产业，形成了整形、旅游、食宿一条龙服务。

五、南极洲

南极洲又称"第七大陆"，围绕南极的大陆。位于地球南端，四周为太平洋、印度洋和大西洋所包围，边缘有别林斯高晋海、罗斯海、阿蒙森海和威德尔海等。包括大陆、陆缘冰和岛屿，总面积1405.1万平方千米，约占世界陆地总面积的9.4%。全境为平均海拔2350米的大高原，是世界上平均海拔最高的洲。

大陆几乎全被冰川覆盖，占全球现代冰被面积的80%以上。大陆冰川从中央延伸到海上，形成巨大的罗斯冰障，周围海上漂浮着冰山。

整个大陆只有2%的地方无长年冰雪覆盖，动植物能够生存。气候酷寒，极端最低气温曾达－89.2℃（1983年）。风速一般达每秒17～18米，最大达每秒90米以上，为世界最冷和风暴最多、风力最大的陆地。全洲年平均降水量为55毫米，极点附近几乎无降水，空气非常干燥，有"白色荒漠"之称。

在南极圈内暖季有连续的极昼，寒季则有连续的极夜，并有绚丽的弧形极光出现。动物有企鹅、海象、海狮、信天翁等。附近海洋产南极鳕鱼、大口鱼等，磷虾产量全球最大。已发现矿物有煤、石油、天然气、金、银、镍、钼、锰、铁、铜、铀等，主要分布在南极半岛及沿海岛屿地区。

南极洲大陆海岸线长约24700千米。南极洲边缘海有属于南太平洋的别林斯高晋海、罗斯海、阿蒙森海和属于南大西洋的威德尔海等。主要岛屿有奥克兰群岛、布韦岛、南设得兰群岛、南奥克尼群岛、阿德莱德岛、亚历山大岛、彼得一世岛、南乔治亚岛、爱德华王子群岛、南桑威奇群岛。

由于自然环境极为严酷，南极洲生物种类十分稀少，是世界上生物资源最少的洲，尤其是在内陆地区，几乎不存在自然生命。但是海洋里生物资源却极其丰富，有大量的海藻、珊瑚、海星、海绵、磷虾等生物，其中磷虾是南极洲海域众多生物（例如鱼类、海鸟、海豹、企鹅、鲸等）的主要食物来源。

南极洲是世界上淡水的重要储藏地。南极洲冰雪量占世界总冰量的 90％以上，冰盖平均厚度超过 2000 米，最厚可达 4800 米。如果南极洲冰盖全部融化，世界海平面将会上升60～80 米，世界绝大部分沿海地区都将被淹没。

近 30 多年在南极进行地球物理调查所获得的资料和依据板块构造理论对有亲缘板块拼接的结果证实，南极洲的煤、铁、石油与天然气储量十分丰富。煤炭资源主要存在于南极横断山脉，主要形成于二叠纪时期，储藏深度相对较小。铁矿主要分布于东南极的因德比地到威尔科斯地之间的地区，但是储量最大的铁矿在查尔斯王子山脉，其范围绵延数十千米，此外，南极洲还有金、银、铂、铬、锡、铅等多种金属矿藏。

南极洲原是古冈瓦那大陆的核心部分。大约在 1.85 亿年前，古冈瓦那大陆先后分裂为非洲南美洲板块、印度板块、澳大利亚板块并相继与之脱离。大约在 1.35 亿年前非洲南美板块一分为二，形成了非洲板块与南美板块。大约在 5500 万年前，澳大利亚板块最后从古冈瓦那大陆上断裂下来飘然北上，于是只剩下了南极洲。东南极洲与西南极洲在地质上截然不同。东南极洲是一个古老的地盾，距今约 30 亿年。而西南极洲是由若干板块组成，在地质年龄上远比东南极洲年轻。

南极洲无永久居民，仅有一些来自其他大陆的科学考察人员和捕鲸队。截至 2013 年，已有十多个国家在南极大陆和沿海岛屿上建立了四十多个常年科学考察站，每年参加越冬的科考人员不到 750 人，夏季考察队员也不过 2000～3000

人。此外，暖季时乘船或飞机到南极半岛和罗斯岛（麦克默多站）旅游的人数有几百人至千人。

1984 年 11 月 20 日，我国派出 591 人组成的南极考察队，乘"向阳红 10 号"考察船首次赴南极建站与考察。1985 年 2 月中国南极长城站在乔治王岛菲尔德斯半岛南端落成，地理坐标为南纬 62°12′59″，西经 58°57′52″，距北京 17501.9 千米。1988 年 11 月 20 日～1989 年 4 月 10 日，中国东南极考察队在南极大陆拉斯曼丘陵上建立了中国南极中山站，中山站地理坐标为南纬 69°22′24″，东经 76°22′24″，距北京 12553.2 千米，距南极点 2903 千米。2009 年 1 月 27 日，我国在南极冰穹 A 建设的昆仑站胜利建成，昆仑站地理坐标为南纬 80°25′01″，东经 77°06′58″。高程 4087 米。

六、欧洲

欧洲是欧罗巴洲的简称，"欧罗巴"一词据说最初来自腓尼基语的"伊利布"一词，意思是"西方日落的地方"或"西方的土地"。欧洲经济较发达，它位于亚洲的西面，是亚欧大陆的一部分。它的北、西、南三面分别濒临着北冰洋、大西洋、地中海和黑海，东部和东南部与亚洲毗连，宛如亚欧大陆向西突出的一个大半岛。

欧洲的面积是世界第六，人口密度平均每平方千米 75 人，是世界人口第三多的洲，仅次于亚洲和非洲，欧洲是人类生活水平较高、环境以及人类发展指数较高及适宜居住的大洲之一。

欧洲东以乌拉尔山脉、乌拉尔河，东南以里海、大高加索山脉和黑海与亚洲为界，西隔大西洋、格陵兰海、丹麦海峡与北美洲相望，北接北极海，南隔地中海与非洲相望（分界线为直布罗陀海峡）。

欧洲最北端是挪威的诺尔辰角，最南端是西班牙的马罗基角，最西端是葡萄牙的罗卡角。欧洲是世界上第二小的洲、大陆，仅比大洋洲大一些，其与亚洲合称为亚欧大陆，而与亚洲、非洲合称为亚欧非大陆。

整个欧洲地势的平均高度为330米，地形以平原为主，南部耸立着一系列山脉，总称阿尔卑斯山系，其中勃朗峰海拔4807米，勃朗峰属法国境内，成为西欧第一高峰。欧洲的河网稠密，水量丰沛，最长的河流是伏尔加河，长3690千米，第二大河是多瑙河，全长2850千米，是世界上流经国家最多的河。欧洲的海岸线十分曲折，多半岛、岛屿、海湾和内海，北欧的斯堪的纳维亚半岛是欧洲最大的半岛。欧洲是有常住人口各洲中唯一没有热带气候的一个洲，同时寒带气候所占的面积也不大，所以气候温和，降水分布较均匀。

欧洲大部分为温带海洋性气候，也有地中海性气候、温带大陆性气候、极地气候和高原山地气候等气候。其中温带海洋性气候最为典型。欧洲是世界面积排行第六的大洲，面积为1017万平方千米。

欧洲的地形具有许多独特性。最高点位于大高加索山脉的厄尔布鲁士山，高度5642米。欧洲是世界上地势最低的一个洲，平均高度只有340米。高度在200米以下的平原约占全洲总面积的60%，平原所占比重之大，在各大洲中首屈一指。欧洲的平原西起大西洋沿岸，东迄乌拉尔山麓，绵延数千千米，没有间断，形成横贯欧洲的大平原。欧洲山地所占面积不大，高山更少，海拔2000米以上的高山仅占全洲总面积的 2%。

欧洲的矿物资源以煤、石油、铁、钾盐比较丰富。煤主要分布在乌克兰的顿巴斯、波兰的西里西亚、德国的鲁尔和萨尔、法国的洛林和北部、英国的英格兰中部等地，这些地方均有世界著名的大煤田。石油主要分布在喀尔巴阡山脉山麓地区、北海及其沿岸地区。其他比较重要的还有天然气、钾盐、铜、铬、褐煤、铅、锌、汞和硫黄等。阿尔巴尼亚的天然沥青世界著名。欧洲的森林面积约占全洲总面积的 39%（包括俄罗斯全部）。占世界总面积的 23%。西部沿海为世界著名渔场，主要有挪威海、北海、巴伦支海、波罗的海、比斯开湾等渔场。

欧洲人口约 7.31 亿（截止到 2012 年）。城市人口约占全洲人口的 64%，在各洲中次于大洋洲和北美洲，居第三位。但人口呈负增长，欧洲的人口分布以西部最密，莱茵河中游谷地、巴黎盆地、比利时东部和泰晤士河下游每平方千米均在 200 人以上，欧洲绝大部分居民是白种人（欧罗巴人种）。

欧洲原属国家共有 44 个，此外也有着与欧洲有牵连的国家（如地跨亚欧，或参与欧洲事务等），像土耳其、哈萨克斯坦、塞浦路斯、阿塞拜疆、格鲁吉亚。

欧洲是资本主义经济发展最早的一个洲，工业生产水平和农业机械化程度均较高。生产总值在世界各洲中居首位，其中工业生产总值占的比重很大。大多数国家粮食自给不足。西欧工业发展程度较高的国家主要为英国、德国、法国，其次为比利时、荷兰和瑞士等。英国、法国和德国的工业生产在世界工业生产中均居前列。

欧洲的体育水平很高，足球中的德国、西班牙、荷兰、法国、意大利、英国、葡萄牙、捷克等；篮球中的德国、法国、希腊、意大利、西班牙、立陶宛等；排球中的意大利、荷兰等都是世界强队。

所有欧洲国家的公民都要接受义务教育，或者至少是接受某种教育培训。欧洲的义务教育大概从6、7岁开始，一直持续到15、16岁。在大多数欧洲国家，基础教育的时间大概只持续四到五年，而在少数国家，却需要七八年。基础教育完成之后，学生所继续接受教育的高一级的学校就有多种类型了，有继续为高等学校预先培养人才的文理中学，还有一些技工学校。与此同时，在许多国家还有许多很有名望的高等专科学校和综合性大学，接纳那些已经完成初、中等教育的学生。在这种教育体制的促进下，几乎所有欧洲国家的文盲率都很低。

雕刻艺术、建筑、美术、文学及音乐都是在欧洲具有悠久历史的传统的东西。许多城市，比如巴黎、维也纳、罗马、柏林及莫斯科等，今天都是在作为首都的同时，也被视作该国的文化中心。此外，在许多城市还有很多重要的剧院、博物馆、交响乐团及其他很重要的文化设施。

文艺复兴运动是人类历史上一次伟大的文化运动，它奠定了欧洲近代资产阶级文化的共同基础，为资产阶级革命做好了思想上舆论上的准备。欧洲对人类历史所做的贡献，包括先进人物不断地向世界文字思想宝库输送先进的思想，也包括一批又一批革命家推动社会进步的重大社会创举，还包括大批科学家在科技领域的重大发现、发明和创造，以及一大批作家、诗人、音乐家向世界文学艺术殿堂提供了辉煌灿烂的文学艺术珍品。

七、大洋洲

大洋洲（Oceania），最小的大洲，位于太平洋西南部和南部的赤道南北广大海域中。在亚洲和南极洲之间，西邻印度洋，东临太平洋，并与南北美洲遥遥相对。

大洋洲狭义的范围是指东部的波利尼西亚、中部的密克罗尼西亚和西部的美拉尼西亚三大岛群。成为亚非之间与南、北美洲之间船舶、飞机往来所需淡水、燃料和食物供应站，又是海底电缆的交汇处，在交通和战略上具有重要地位。大洋洲陆地总面积约897万平方千米。

大洋洲有十几个独立国家，其余一些地区尚在美、英、法等国的管辖之下。在地理上划分为澳大利亚、新西兰、新几内亚、美拉尼西亚、密克罗尼西亚和波利尼西亚六区。

大洋洲有10000多个岛屿，是世界上最小的一个洲。

绝大部分居民使用英语，三大岛群上的当地居民分别使用美拉尼西亚语、密克罗尼西亚语和波利尼西亚语。

大洋洲的构造轮廓是以澳大利亚为中心呈环带状分布，其主体是澳大利亚大陆中西部的澳大利亚地盾，内缘为澳大利亚东部古生代褶皱带，外缘为新西兰中生代、新生代褶皱带及美拉尼西亚等群岛的新生代火山弧。

澳大利亚的主要金属矿产有金、银、铜、铁、铝等20余种，其中铁、金、铝的储量居世界各国储量的前列。铁矿主要产于西部克拉通下元古界哈默斯利群中，属风化壳型富铁矿。它与奥林匹克坝的铜、金、铀矿和布罗肯希尔的铅、锌、铂矿都属于超大型矿床。新西兰的矿产有煤、金、铀以及石油和天然气等，那里与火山活动有关的地热资源十分丰富。并且新西兰是成功开发利用地热资源的少数国家之一。

矿物以镍、铝土矿、金、铬、磷酸盐、铁、银、铅、锌、煤、石油、天然气、铀、钛和鸟粪石等较丰富。镍储量约4600万吨，居世界第一；铝土矿储量46.2亿吨，居各洲第二位。

森林面积约占总面积的9％，约占世界森林总面积的2％，产松树、山毛榉、棕榈树、桉树、杉树、白檀木和红木等多种珍贵木材。草原占大洋洲总面积的50％以上，约占世界草原总面积的16％。

水力蕴藏量约为13500万千瓦，占世界水力总蕴藏量的4.9％；已开发水力280万千瓦，占世界总开发量的1.8％。估计年可发电2000亿度，约占世界可开发水力资源的2％。

美拉尼西亚附近海域、澳大利亚东南沿海及新西兰附近海域为主要渔场，盛产沙丁鱼、鳕、鳗、鲭和鲸等。

大洋洲各国经济发展水平差异显著，澳大利亚和新西兰两国经济发达，其他岛国多为农业国，经济比较落后。农业农作物有小麦、椰子、甘蔗、菠萝、天然橡胶等。小麦产量约占世界小麦总产量的3％，当地居民主要粮食是薯类、玉米、大米等。畜牧业以养羊为主，绵羊头数占世界绵羊总头数的20％左右。羊毛产量占世界羊毛总产量的40％左右。

大洋洲的工业，主要集中在澳大利亚，其次是新西兰。主要有采矿、钢铁、有色金属冶炼、机械制造、化学、建筑材料、纺织等部门。大洋洲岛国工业多分布在各自的首都或首府，一般比较落后，仅以采矿及农、林、畜产品加工为主，多为外资控制，产品多供出口。

大洋洲国家重视发展旅游业。汤加、瓦努阿图等国家旅游业收入可观，成为国民经济的重要组成部分。大洋洲介于亚洲和南、北美洲之间，南面遥对南极洲，是联系各大洲航线的必经之路。许多国际海底电缆均通过这里，海洋航运成为国与国、岛与岛相互交往的重要手段。陆上交通主要有铁路和公路。公路总长 100 万千米以上。铁路总长 46000 多千米。内河航运里程约 1000 千米。有航线通达洲内各国和重要地区的首都和首府，同洲外各重要港口城市也均有联系。

八、太平洋

太平洋（Pacific Ocean），是地球上最大的海洋，覆盖着地球约 46％的水面以及约 32.5％的总面积。跨度从南极大陆海岸延伸至白令海峡，西面为亚洲、大洋洲，东面则为美洲，跨越 135°纬度，南北最宽 15500 千米。包括属海的面积为 18134.4 万平方千米，不包括属海的面积为 16624.1 万平方千米。

太平洋岛屿众多，主要分布于西部和中部海域，按性质分为大陆岛和海洋岛两大类。大陆岛一般在地质构造上与大陆有联系，如日本群岛、台湾岛、菲律宾群岛、印度尼西亚群岛以及世界第二大岛新几内亚岛等。海洋岛分为火山岛和珊瑚岛。太平洋中部偏西广大海域，自西向东有三大群岛：美拉尼西亚、密克罗尼西亚和波利尼西亚。其中美拉尼西亚群岛多为大陆岛，波利尼西亚群岛的夏威夷群岛是著名的火山群岛，密克罗尼西亚群岛几乎都是珊瑚岛。

太平洋由于面积广阔，水体均匀，气候有利于行星风系的形成，特别是南太平洋更为突出。北太平洋情况不同，东西两岸差异悬殊，以俄罗斯东海岸的严冬和加拿大的不列颠哥伦比亚省温和的冬季对比最为鲜明。信风带位于东太平洋南北纬 30°～40°之间的副热带高压中心和赤道无风带之间。

中纬度地区、西风带和极地东风带辐合形成副极地低压带。两个风带气温、湿度相差悬殊，极地东风带锋面甚为猛烈，冬季尤为突出。

太平洋资源丰富。西太平洋的日本海、鄂霍次克海是重要的渔场，出产鲱鱼、鳕鱼、金枪鱼、蟹等。北美西海岸的哥伦比亚河以出产鲑鱼著名。海底有大量的锰结核，海水可提取海盐、溴、镁等。大陆棚是世界石油资源最丰富的地区之一，如加利福尼亚南部海域、黄海、东海、印度尼西亚、澳大利亚东南部等海区。

太平洋地区有 30 多个独立国家。西岸有俄罗斯、中国、韩国、朝鲜、越南、柬埔寨、老挝、日本等；东岸有智利、秘鲁、墨西哥、美国、加拿大等；南边还有澳大利亚、新西兰、西萨摩亚、瑙鲁、汤加、斐济等，此外，还有十几个分属美、英、法等国的殖民地。

太平洋生长的动植物，无论是浮游植物或海底植物以及鱼类和其他动物都比其他大洋丰富。

太平洋浅海渔场面积约占世界各大洋浅海渔场总面积的 1/2，海洋渔获量占世界渔获量一半以上，秘鲁、日本、中国舟山群岛、美国及加拿大西北沿海都是世界著名渔场，盛产鲱鱼、鳕鱼、鲑鱼、鲭鱼、鳟鱼、鲣鱼、沙丁鱼、金枪鱼、比目鱼等鱼类。此外，海兽（海豹、海象、海熊、海獭、鲸等）捕猎和捕蟹业也占重要地位。

近海大陆架的石油、天然气、煤很丰富，深海盆地有丰富的锰结核矿层（所含锰、镍、钴、铜四种矿物的金属储量比陆地上多几十倍至千倍），此外海底砂锡矿、金红石、锆、钛、铁及铂金砂矿储量也很丰富。

　　太平洋在国际交通上具有重要意义。有许多条联系亚洲、大洋洲、北美洲和南美洲的重要海、空航线经过太平洋；东部的巴拿马运河和西南部的马六甲海峡，分别是通往大西洋和印度洋的捷径和世界主要航道。海运航线主要有东亚—北美西海岸航线，东亚—加勒比海、北美东海岸航线，东亚—南美西海岸航线，东亚沿海航线，东亚—澳大利亚、新西兰航线，澳大利亚、新西兰—北美东、西海岸航线等。太平洋沿岸有众多的港口。纵贯太平洋的180°经线为"国际日期变更线"，船只由西向东越过此线，日期减去一天；反之，日期便加上一天。海底电缆太平洋第一条海底电缆是1902年由英国敷设的，1905年美国在太平洋也敷设了海底电缆。在太平洋上空开始利用人造通信卫星进行联系。

　　太平洋第一条海底电缆是1902年由英国敷设的，1905年美国在太平洋也敷设了海底电缆。加拿大至澳大利亚，美国至菲律宾、日本及印度尼西亚，中国香港至菲律宾与越南，南美洲沿海各国之间都有海底电缆。在太平洋上空开始利用人造通信卫星进行联系。

　　九、大西洋

　　大西洋（Atlantic Ocean），是世界第二大洋，占地球表面积的近20%，原面积8221.7万平方千米，在南冰洋成立后，面积调整为7676.2万平方千米，平均深度3627米，最深处波多黎各海沟深达8605米。从赤道南北分为北大西洋和南大西洋。北面连接北冰洋，南面则以南纬66°与南冰洋接连，东面为欧洲和非洲，而西面为美洲。大西洋的中文名称，最早来自于明代万历十一年（1583年）意大利传教士利玛窦的《山海舆地全图》。

大西洋是世界第二大洋，位于欧洲、非洲与北美、南美之间，北接北冰洋，南接南冰洋，西南以通过合恩角的经线（67°W）与太平洋为界，东南以通过厄加勒斯角的经线（东经20°E）与印度洋为界。包括属海的面积为9431.4万平方千米，不包括属海的面积为8655.7万平方千米。包括属海的容积为33271万平方千米，不包括属海的体积为32336.9万平方千米。包括属海的平均深度为3575.4米，不及太平洋和印度洋，不包括属海的平均深度为3735.9米，已知最大深度为9218米。

大西洋全年气温变化不大，赤道地区年温差不到1℃。副热带5℃，中纬地带10℃，仅在西北部和极南部超过20℃。海水平均温度为17℃，稍低于太平洋。而含盐度则稍高于太平洋，平均为35.4‰。在北大西洋，北纬15°～30°之间为副热带高压带，往南为东北信风带。北纬40°～60°之间为盛行西风带。在南大西洋，到热带高压带位于南纬30°附近，盛行西风带从南纬40°几乎延伸到南极洲。在南北纬度5°～20°的大西洋面上，每年7～10月多飓风。夏季在纽芬兰沿海常有海雾；冬季在欧洲大西洋沿岸多海雾；非洲西南沿海四季多雾。大西洋洋流南北各成一个环流。北部环流由北赤道暖流、墨西哥湾暖流、加那利寒流组成。南部环流由南赤道暖流、巴西暖流、西风漂流、本吉拉洋流组成。墨西哥湾流是大西洋中最强盛的暖流，对欧洲西北部气候起着显著的调剂作用。

大西洋的水文特征具有明显区域特性。在大气环流直接作用下，在南北副热带海区各形成一个巨大的反气旋型环流系统，北大西洋为顺时针环流，南大西洋为逆时针环流。在两大环流系统之间的海区有一支赤道逆流，其流向与南北信风相反，从西向东流。在北大西洋的中纬度海区和南大西洋的高纬度海区，又各形成一个完整的副极地气旋型环流。

大西洋在世界航运中处于极为重要的地位，它西通巴拿马运河连太平洋，东穿直布罗陀海峡经地中海、苏伊士运河通向印度洋，北连北冰洋，南接南极海域，航路四通八达、十分便利。同时大西洋沿岸几乎都是各大洲最发达的地区、经济水平较高的资本主义国家，贸易、经济交往频繁，是世界环球航运体系中的重要环节和枢纽。在全世界2000多个港口中，大西洋沿岸占有3/5，其中不少是世界知名港口。每天在北大西洋航线上的船只平均有4000多艘，拥有世界2/3的货物周转量和3/5的货物吞吐量，是世界航运最发达的大洋。

大西洋中的矿产资源主要有石油、天然气、煤、铁、重砂矿和锰结核等。加勒比海、墨西哥湾、北海、几内亚湾和地中海均蕴藏有丰富的海底石油和天然气。

大西洋生物资源丰富，最主要的是鱼类，其捕获量占大西洋中海洋生物捕获量的90％左右。大西洋的渔获量曾居世界各大洋第一位，20世纪60年代以后低于太平洋，退居第二位。但单位面积渔获量居世界首位。捕获量最多的是东北诸海域，即北海、挪威海、冰岛周围，年渔获量约占大西洋总渔获量的45％，单位面积产量平均达830千克/平方千米，大陆架区域约1200千克/平方千米。其次是大西洋西北海域，渔获量占总渔获量的20％，单位面积平均渔获量690千克/平方千米。其中纽芬兰、美国、加拿大东侧大陆架海域单位面积产量高达 1500 千克/平方千米，是世界大洋中单产最高的渔场。另外，加勒比海、比斯开湾、安哥拉、纳米比亚沿海也是重要的捕鱼区。大西洋靠近南极洲的海域是磷虾和鲸的重要捕获区。大西洋海域捕获的主要鱼类有鲱鱼、北鳕鱼、毛鳞鱼、长尾鳕鱼、比目鱼、金枪鱼、鲑鱼、马古鲽鱼、海鲈鱼等。这些鱼主要分布在大陆架和岛屿附近陆架区。开阔水域特别是热带海域尚有帆鱼和飞鱼。西欧和北美沿岸区盛产牡蛎、贻贝、海扇、螯虾和蟹类。当前大西洋沿海一些国家在积极发展人工养殖贻贝、河蚌等软体动物。

十、印度洋

印度洋（Indian Ocean）是世界的第三大洋。位于亚洲、大洋洲、非洲和南极洲之间。包括属海的面积为 7411.8 万平方千米，不包括属海的面积为 7342.7 万平方千米，约占世界海洋总面积的 20%。包括属海的体积为 28460.8 万立方千米，不包括属海的体积为 28434 万立方千米。印度洋的平均深度仅次于太平洋，位居第二，包括属海的平均深度为 3839.9 米，不包括属海的平均深度为 3872.4 米。其北为印度、巴基斯坦和伊朗；西为阿拉伯半岛和非洲；东为澳大利亚、印度尼西亚和马来半岛；南为南极洲；中为英属印度洋领地。

印度洋西南以通过南非厄加勒斯角的经线同大西洋分界，东南以通过塔斯马尼亚岛东南角至南极大陆的经线与太平洋连接。印度洋的轮廓为北部为陆地封闭，南面则以南纬60°为界，与南冰洋相连。

印度洋的主要属海和海湾是红海、阿拉伯海、亚丁湾、波斯湾、阿曼湾、孟加拉湾、安达曼海、阿拉弗拉海、帝汶海、卡奔塔利亚湾、大澳大利亚湾、莫桑比克海峡等等。

印度洋有很多岛屿，其中大部分是大陆岛，如马达加斯加岛、斯里兰卡岛、安达曼群岛、尼科巴群岛、明打威群岛等。留尼汪岛、科摩罗群岛、阿姆斯特丹岛、克罗泽群岛、凯尔盖朗群岛为火山岛。拉克沙群岛、马尔代夫群岛、查戈斯群岛，以及爪哇西南的圣诞岛、科科斯群岛都是珊瑚岛，马达加斯加岛是南回归线穿过的最大的珊瑚岛。

印度洋气候具有明显的热带海洋性和季风性特征。印度洋大部分位于热带、亚热带范围内，南纬 40°以北的广大海域，全年平均气温为 15～28℃；赤道地带全年气温为 28℃，有的海域高达 30℃。比同纬度的太平洋和大西洋海域的气温高，故被称为热带海洋。

印度洋北部与亚洲毗邻，随着季节更替，海陆热力差异造成气压梯度的变化，以及气压带和风带的季节性移动，形成了世界上显著的热带季风气候。印度洋主体位于北纬 30°到南纬 40°之间，获得太阳辐射热量较多，因而气温高。印度洋北部三面被陆地环绕，几乎不受寒流的影响，澳大利亚向南突出只达南纬 35°，使大洋东岸寒流发育程度和影响范围都较小，加强了北部的热带海洋性气候。

印度洋的自然资源相当丰富，矿产资源以石油和天然气为主，主要分布在波斯湾，此外，澳大利亚附近的大陆架、孟加拉湾、红海、阿拉伯海、非洲东部海域及马达加斯加岛附近，都发现有石油和天然气。波斯湾海底石油探明储量为120 亿吨，天然气储量 7100 亿立方米，油气资源占中东地区探明储量的 25％。60 年代以后，波斯湾油气产量大幅度上升，年产石油约 2 亿吨，天然气约 500 亿立方米，石油的储量和产量都占世界首位。印度洋海域是世界最大的海洋石油产区，约占海上石油总产量的 33％。

印度洋的金属矿以锰结核为主，主要分布在深海盆底部，其中储量较大的是西澳大利亚海盆和中印度洋海盆。此外，在印度半岛的近海、斯里兰卡周围以及澳大利亚西海域中还发现相当数量的重砂矿。60 年代中期，曾在红海发现含有多种金属的软泥，它含有氧化物、碳酸盐和硫化物，包括铁、锌、铜、铅、银、金等多种金属，其中铁的平均含量是29％，锌的富集度最高可达 8.9％。红海的金属软泥是世界上已发现的具有重要经济价值的海底含金属沉积矿藏。

印度洋的生物资源主要有各种鱼类、软体动物和海兽。印度洋中年捕鱼量约有 500 万吨，比太平洋、大西洋少得多。印度洋中以印度半岛沿海捕鱼量最大，主要捕捞鱼类有：鲭鱼、沙丁鱼和比目鱼，非洲南岸还有金枪鱼、飞鱼及海龟等。在近南极大陆的海域里，还有鲤鲸、青鲸和丰瓦洛鲸。此外，在波斯湾的巴林群岛、阿拉伯海、斯里兰卡和澳大利亚沿海还盛产珍珠。

印度洋洋底有丰富的矿物资源：大陆棚（波斯湾、红海、巴斯海峡、西澳大利亚等海区）的石油和天然气；澳大利亚西北部的金红石和锆石；印度海滩的独居石；厄加勒斯海岸的金刚石和磷灰结核；红海海底的铁、铜、锰等金属矿藏；洋底的锰结核。鱼类以飞鱼、鳀、灯笼鱼、金枪鱼、旗鱼、鲨鱼等最有名，还有海龟、海牛、鲸、海豚、海豹等。早在公元前 1000 年，古代埃及人、腓尼基人和印度人就已在印度洋北部海域航行。公元后，中国人和阿拉伯人开始航行于印度洋的广大海域。9～15 世纪的阿拉伯和波斯文献，对于从东非索法拉（Sofala）港到中国沿途的航线、风向、洋流、海岸、岛屿和港口，均有广泛记述。1497 年，达·伽马（Vasco da Gama）绕道非洲，横渡印度洋，抵达印度的西海岸。1957～1958 年的国际地球物理学年中，有澳大利亚、新西兰、苏联、法国、日本等国科学家参加的考察队对印度洋作了广泛的科学调查。1960～1965 年，许多国家共计派遣了 20 余艘海洋考察船组成了国际印度洋考察队，继续对印度洋作深入的科学研究。

中国大洋协会在西南印度洋国际海底区域获得了 10000 平方千米具有专属勘探权的多金属硫化物资源矿区，并在未来开发该资源时享有优先开采权。自国际海底管理局 2010 年 5 月 7 日通过《"区域"内多金属硫化物探矿和勘探规章》后接受和核准的第一份矿区申请。申请区位于西南印度洋中脊，限定在长度 990 千米、宽度 290 千米的长方形范围内。

根据《联合国海洋法公约》，国际海底区域及其资源是人类的共同继承财产，由国际海底管理局代表全人类管理和控制"区域"内资源的勘探和开发。据了解，国际海底多金属硫化物由海底热液作用形成，富含铜、铅、铝、锌、金和银等金属，主要分布大洋中脊区域，具有巨大的潜在经济价值和开发前景，其赋存的环境对于人类认识海洋具有很高的科研意义。

印度洋是联系亚洲、非洲和大洋洲之间的交通要道。从印度洋往西北通过曼德海峡、红海，苏伊士运河、地中海和直布罗陀海峡到达西欧；向西南经好望角进入大西洋，通向欧美沿海各地；向东北经马六甲海峡和龙目海峡进入太平洋。印度洋沿岸是世界资源的一个重要出口地，沿岸各国出口的石油、矿砂、橡胶、棉花、粮食和进口的水泥、机械产品和化工产品等大宗货物都需要依靠廉价的海洋运输，再加上大量的过境运输，使印度洋有较大的运输量，拥有世界1/6的货物吞吐量和近1/10的货物周转量。

印度洋的地理位置非常重要，是沟通亚洲、非洲、欧洲和大洋洲的交通要道。向东通过马六甲海峡可以进入太平洋，向西绕过好望角可达大西洋，向西北通过红海、苏伊士运河，可入地中海。航线主要有亚、欧航线和南亚、东南亚、南非、大洋洲之间的航线。印度洋的海底电缆多分布在北部，重要的线路有亚丁—孟买—马德拉斯—新加坡线；亚丁—科伦坡线；东非沿岸线。塞舌尔群岛的马埃岛、毛里求斯岛和科科斯群岛是主要的海底电缆枢纽站。沿岸港口终年不冻，四季通航。

十一、北冰洋

北冰洋（Arctic Ocean）是世界最小最浅和最冷的大洋。大致以北极圈为中心，位于地球的最北端，被亚欧大陆和北美大陆环抱着，有狭窄的白令海峡与太平洋相通；通过格陵兰海和许多海峡与大西洋相连，是世界大洋中最小的一个，面积仅为 1475 万平方千米，不到太平洋的 10%。它的深度为 1097 米，最深为 5499 米。

北冰洋表面的绝大部分终年被海冰覆盖，是地球上唯一的白色海洋。中央北冰洋的海冰已持续存在 300 万年，属永久性海冰。由于气候严寒、冰层覆盖，对北冰洋调查的规模都较小，直到 20 世纪 30 年代以后才陆续在冰上建立漂浮科学站，开展一些较为系统的考察。1937 年苏联用冰上飞机在北极登陆并在北冰洋建立了北极 1 号漂浮科学站。40 年代，美国、加拿大等国从空中进行过 20 次极冰登陆，并建成 8 个海洋站和 1 个科学考察站。国际地球物理年（1957—1958）期间，除飞行活动外，还增加了许多连续观测的漂浮站，并用核动力潜艇考察了冰盖下面的情况。

北冰洋虽是一个冰天雪地的世界，气候严寒，还有漫长的极夜，不利于动植物的生长，但它并不是人们想象的寸草不长，生物绝迹的不毛之地。当然比起其他几大洋来，生物的种类和数量是比较贫乏的。海岛上的植物主要是苔藓和地衣，南部的一些岛屿上有耐寒的草本植物和小灌木；动物以生活在海岛、浮冰和冰山上的白熊最著名，被誉为北极的象征，其他还有海象、海豹、雪兔、北极狐、驯鹿和鲸鱼等。由于气温和水温很低，浮游生物少，故鱼类的种类和数量也较少，只有巴伦支海和格陵兰海因处在寒暖流交汇处，鱼类较多，盛产鲱鱼、鳕鱼，是世界著名渔场之一。

值得注意的是，北冰洋海域的矿产资源相当丰富，是地球上一个还没有开发的资源宝库，特别是巴伦支海、喀拉海、波弗特海和加拿大北部岛屿以及海峡等地，蕴藏有丰富的石油和天然气，估计石油储量超过 100 亿吨。斯匹次卑尔根的煤储量 80 多亿吨，煤层厚、质量优、埋藏浅，俄罗斯和挪威已联合进行开采，年产煤 100 多万吨；格陵兰的马莫里克山的铁矿，储量 20 多亿吨，系优质矿。此外，北冰洋地区还蕴藏着丰富的铬铁矿，铜、铅、锌、钼、钒、铀、钍、冰晶石等矿产资源，但大多尚未开采利用。大陆架有丰富的石油和天然气，沿岸地区及沿海岛屿有煤、铁、磷酸盐、泥炭和有色金属。如伯朝拉河流域、斯瓦尔巴群岛与格陵兰岛上的煤田，科拉半岛上的磷酸盐，阿拉斯加的石油和金矿等。

海洋生物海洋生物相当丰富，以靠近陆地为最多，越深入北冰洋则越少。邻近大西洋边缘地区有范围辽阔的渔区，遍布繁茂的藻类（绿藻、褐藻和红藻）。海洋里有白熊、海象、海豹、鲸、鲱鱼、鳕鱼等。苔原中多皮毛贵重的雪兔、北极狐。此外还有驯鹿、极犬等。

北冰洋系亚、欧、北美三大洲的顶点，有联系三大洲的最短大弧航线，地理位置很重要。北冰洋沿岸有固定的航空线和航海线，主要有从摩尔曼斯克到符拉迪沃斯托克（海参崴）的北冰洋航海线和从摩尔曼斯克直达斯瓦尔巴群岛、雷克雅未克和伦敦的航线。

2012 年 8 月 25 日，日本宇宙航空研究开发机构宣布，北冰洋海冰面积截至 24 日已降到 421 万平方千米，创有观测史以来的最低值。此前的最低纪录是 2007 年 9 月的 425 万平方千米。

宇宙航空研究机构是根据日本水循环变动观测卫星"水滴"号拍摄的图像得出上述结论的。北冰洋海冰每到 9 月中旬会降至全年最小面积，研究人员曾认为 2012 年也会在 9 月刷新最小纪录，但这一日子已大幅提前。不久之后，北冰洋海冰很可能跌破 400 万平方千米的面积。

2011 年 9 月，研究人员观测到北冰洋海冰面积创第二小纪录，只有约 450 万平方千米，不过由于当年冬季非常寒冷，此后海冰面积又恢复到 20 世纪 90 年代的水平。2012 年 8 月以来，北冰洋海冰面积急剧减少，通常这一时期减少速度应该放缓，相当于每天消失 10 万平方千米。

英国著名海洋专家、剑桥大学教授彼得·维德汉姆发表最新研究成果时声称，到 2015 年夏北极海冰将完全融化，这将对北极熊等生物的天然栖息地造成毁灭性破坏。

维德汉姆教授表示，北冰洋的海冰正在快速地萎缩，最短只需要 4 年时间就可完全消失。尽管每年冬天海冰还将会重新出现，但是在夏季没有海冰的日子里，北极熊等动物将失去天然的捕猎场所，这将严重威胁它们的生存，最终可能导致物种的灭绝。

俄罗斯北部、加拿大以及格陵兰岛的冰量会随着季节的变化而出现反复，已达到最小值，大约 400 万平方千米。相关机构采用了多种信托网模型对被海冰覆盖区域的萎缩速度进行跟踪监测，联合国政府间气候变化专门委员会的预测数据显示，全球海冰萎缩速度还将加剧，但认为到 2030 年这些海冰仍然存在。

不过，美国海军研究院专家马斯劳维斯基的推算结果是，北极海冰的消失速度比联合国预测的速度更快。这一理论引起了许多争议，但是维德汉姆认为这种计算更具说服力。维德汉姆表示，"尽管他的模型最极端，但这也是最好的模型。它能够显示冰量的减少速度，这一速度非常快，我们可能很快就看到冰量降到零。2015 年，这是我得出的一个非常严重的预测结果"。

到了冬季，海冰仍然又会出现。但维德汉姆担心，在夏季无冰期间，人类在北极的船运业务以及石油勘探行为将会大大增加，这将对当地物种造成严重威胁。冬季时，北极熊会在陆地上冬眠，但到了春季它们就会转移到冰上进行捕猎。维德汉姆表示，"每个人都意识到了这一严重的问题，就是北极熊生存问题。它们要么被灭绝，要么回到陆地上捕猎。陆地栖息以及杂交繁殖也可能导致北极熊物种的消失。"

蓝色的宝库：海洋

在广袤的地球上，陆地面积约为 1.49 亿平方千米，只占地球表面的 29％，而海洋面积约 3.6 亿平方千米，占地球表面的 71％。海洋对人类来说，是一个巨大而神奇的宝库，这个宝库中有许多人类需要的宝物。

首先，海洋里有丰富的生物资源。据调查，海洋里的动植物多达几十万种，仅鱼类就有几万种。可供提炼蛋白质和抗生素药物的生物就更多了，达 30 多万种。中西药中所用的上百种海味，以及鱼肝油、精蛋白和胰岛素等药物都来自海洋生物。可供食用的水产资源，在不破坏生态平衡的情况下，每年可以开发几十亿吨。

海洋里还有极为丰富的矿藏资源。科学家们已经发现，海水中蕴藏着 80 多种元素，如金、银、铜、铁、铝、钨、汞、锑、氧、镁、溴、碘、铷、铯、镍、铀、锶等，陆地上有的一切矿物资源，大海底下都有。在海底，人们还发现了大量的石油、煤、硫黄和天然气。海洋中所含的食盐，如果能全部提炼出来，用它平铺在陆地上，地面就会增高近 100 米。近年来，人们还探明了各大洋底蕴含着大量的金属结核矿，达 40 余种。这种"未来的资源"，已成为"人类共同的财富"。波涛汹涌的海洋还蕴藏着巨大的能量，仅涨落的潮汐能，全世界海洋中就约有 10 亿千瓦。此外，还有海流能、波浪能、海水温差能等。因此，人们把海洋称为"蓝色的煤海"。

在陆地资源日益枯竭的情况下，丰富的海洋资源和海洋能为人类的物质文明带来了广阔的前景，人们把眼光转向了海洋，已不同程度、不同规模地对海洋进行了开发，并获得了日益显著的经济效益。综上所述，人们才把海洋称作"蓝色的宝库"。

世界最大的内陆海：里海

里海是世界最大的封闭性内陆海，位于辽阔平坦的中亚西部和欧洲东南端，西面为高加索山脉。整个海域狭长，南北长约 1200 千米，东西平均宽度 320 千米。面积约 39.4 万平方千米，比北美五大淡水湖加在一起还要大出一倍多。里海湖岸线长约 7000 千米。有 130 多条河注入里海，伏尔加河、乌拉尔河和捷列克河从北面注入，伏尔加河的水量占全部注入水量的 85％。里海中的岛屿多达 50 个，但大部分都很小。海盆大体上为北、中、南三个部分。最浅的为北部平坦的沉积平原，平均深度 4～8 米。中部是不规则的海盆，西坡陡峻，东坡平缓，水深约 170～788 米。南部凹陷，最深处达 1024 米，整个里海平均水深 184 米，湖水蓄积量达 7.6 万立方千米。海面年蒸发量达 1000 毫米。数百年间，里海的面积和深度曾多次发生变化。

里海为沿岸各国提供了优越的水运条件，沿岸有许多港口，有些港口与铁路相联系，火车可以直接开到船上轮渡到对岸。

世界最大的淡水湖：苏必利尔湖

　　苏必利尔湖，北美洲五大湖最西北和最大的一个，是世界最大的淡水湖，也是世界仅次于里海的第二大湖（里海是咸水湖）。湖东北面为加拿大，西南面为美国。湖面东西长563千米，南北最宽处257千米，湖面平均海拔183米，面积8.21万平方千米，最大深度406米。蓄水量1.2234万立方千米。有近200条河流注入湖中，以尼皮贡河和圣路易斯河为最大。湖中主要岛屿有罗亚尔岛（美国国家公园之一）、阿波斯特尔群岛、米奇皮科滕岛和圣伊尼亚斯岛。沿湖多林地，风景秀丽，人口稀少。

　　苏必利尔湖水质清澈，湖面多风浪，湖区冬寒夏凉。季节性渔猎和旅游为当地娱乐业主要项目。蕴藏有多种矿物。有很多天然港湾和人工港口。主要港口有加拿大的桑德贝和美国的德卢斯等。全年通航期为8个月。该湖1622年为法国探险家发现，湖名取自法语，意为"上湖"。

世界最淡的海：波罗的海

　　波罗的海是大西洋伸入欧洲大陆北部的内海。呈东北—西南走向。面积42万多平方千米。一般水深40～100米，最

深处 470 米。一般海水的含盐度在 3.4‰～3.7‰。波罗的海表层海水含盐度由西部的 0.8‰～1.1‰降到中部的 0.6‰～0.8‰，是世界上含盐度最低的海。波罗的海岛屿众多，海岸线曲折，多港湾。有 250 条河流注入。是北欧重要的海运航道。北部和东部封冻期达 3～4 个月，南部通常不封冻。沿岸重要海港有圣彼得堡、赫尔辛基、斯德哥尔摩、哥本哈根等。

世界上最大的岛群：马来群岛

世界上最大的岛群由印度尼西亚 13000 多个岛屿和菲律宾约 7000 个岛屿组成，称为马来群岛。其中主要的岛屿有印度尼西亚的大巽他群岛、小巽他群岛、马鲁古群岛、伊里安岛，菲律宾的吕宋岛、棉兰老岛。马来群岛位于太平洋和印度洋之间，东西宽约 4500 千米，南北最大宽度 3500 千米，总面积约 242.2 万平方千米。西与亚洲大陆隔有马六甲海峡和南海，北与台湾之间有巴士海峡，南与澳大利亚之间有托雷斯海峡。除菲律宾北部以外，各岛都在赤道 10°以内，平均气温 21℃，年降雨量从 8100 毫米至 500 毫米不等，大部分地区超过 2000 毫米。每年 7 至 11 月，西南太平洋生成台风 20 余次，常袭击菲律宾。

马来群岛的动植物群非常丰富且种类各异。农村和农业经济占压倒优势，农村居民绝大多数为定居耕种者，主要农作物是水稻，商品作物有橡胶、烟叶、糖等。森林资源重要，提供贵重木材、树脂、藤条等。石油为主要矿产，锡产量占世界产量的 10％。水力资源丰富，但未充分开发。制造业不发达。轻工业主要是纺织、造纸、玻璃、肥皂、卷烟等。

红海的由来

红海位于亚非大陆之间的裂缝地带，它的面积为 45 万平方千米，东西长 2253 千米，而最大宽度只有 306 千米，是一条狭长的海。整个红海流域处于世界性的沙漠地带，气候酷旱，没有一条河流注入该海，只有从曼德海峡倒流来的印度洋水作为补充。所以，红海是世界上最咸、最热的海。

红海的名称由来已久。古时腓尼基人航行至这里时，两岸的戈壁在阳光照射下呈现红色，倒映在海里，海水也就朦胧地泛红，一旦暴风雨来临，沙漠上尘土飞扬，使海面显得更红。所以腓尼基人称其为红海。其实，红海的红也只是视觉中的红，当人们鸟瞰红海的时候，整个海面大部分也是蓝色的，只有个别海域略显红色。那么，这种红色又是从哪里来的呢？

这种红色来自红海中的许多藻类。在红海里，有许多红色的藻类，这些藻类生长、繁殖、死亡，映衬出海水的红色来，而且藻类死亡之后，便漂浮在水面上，使红海直接呈现出红色来。所以说，红海的水并非红的，其红色是反衬出来的。不管怎么说，"红海"这个名字取得还是有理由的。

世界著名的海峡

　　说到海峡，它是在两块陆地之间连接两个海或洋的较窄的水道，也可说是连接两个大面积水域的狭窄通道。

　　1. 马六甲海峡：位于马来半岛与苏门答腊岛之间，连接南海与安达曼海，是东亚、东南亚国家和地区与南亚、西亚、非洲、欧洲国家之间的联系通道，被称为"海上生命线"。马六甲海峡呈西北—东南走向。它的西北端通印度洋的安达曼海，东南端连接南中国海。海峡全长约1080千米，西北部最宽达370千米，东南部最窄处只有37千米，一般水深25～113米，是连接沟通太平洋与印度洋的国际水道，也是亚洲与大洋洲的十字路口。

　　2. 霍尔木兹海峡：位于伊朗与阿拉伯半岛之间，连接波斯湾与阿拉伯海，是波斯湾石油出口的重要通道，为世界著名的"石油海峡"。长约150千米，宽55～95千米，航道水深27.5米。

　　3. 土耳其海峡：连接黑海与爱琴海、地中海，是亚洲、欧洲的分界线，也是黑海通往地中海的门户，被称为"天下咽喉"。土耳其海峡是地中海通往黑海的唯一海峡，故又称黑海海峡。它包括博斯普鲁斯海峡、马尔马拉海和达达尼尔海峡三部分，整个海峡呈东北—西南走向，是亚、欧两洲的分界线。东北端为博斯普鲁斯海峡，西南端为达达尼尔海峡，两海峡之间是土耳其内海马尔马拉海。

两岸主权均属于土耳其。土耳其海峡是海上交通要道，沟通黑海和地中海，是罗马尼亚、保加利亚、乌克兰、格鲁吉亚等国唯一的出海口。冷战时期，美苏均将黑海海峡确立为全球最重要的海上咽喉之一。冷战后，北约仍视黑海海峡为欧亚大陆的战略要点之一。

4. 直布罗陀海峡：位于欧洲伊比利亚半岛与非洲大陆之间，连接地中海与大西洋，是地中海沿岸国家通往大西洋的"咽喉"。

5. 英吉利海峡：位于大不列颠岛与欧洲大陆之间，连接北海与大西洋，是西欧与北欧各国重要的海上通道，也是世界货运最繁忙、通过船只最多的海峡。英吉利海峡是不列颠岛天然的防御关键，它允许欧洲大陆国家介入国内一些事务，同时不让来自欧洲大陆的冲突对其产生足够的威胁。历史上著名的威胁有在拿破仑执政时期的拿破仑战争，"二战"期间的纳粹的"海狮计划"等。

6. 麦哲伦海峡：位于南美大陆南端，克拉伦斯岛、圣伊内斯岛与火地岛之间，连接大西洋与太平洋，是世界重要的国际航线。16世纪，葡萄牙航海家麦哲伦自信在此终有一条通往"南海"（太平洋）的航道。他于1519年9月20日率领一支探险船队开始航行。到达南美洲东海岸后，沿着海岸前进，在第二年10月21日进入他要寻找的海峡。经过一个多月的艰难航程，船队战胜了死亡的威胁，终于在11月28日驶出海峡，进入风平浪静的太平洋，为第一次环球航行开辟了胜利的航道。后人为了纪念麦哲伦对航海事业作出的贡献，把这段海峡称为麦哲伦海峡。麦哲伦全长约590千米，宽窄悬殊，深浅差别也很大。最宽的地方有32千米，最狭处仅 3.2 千米；最深处有 1170 米，最浅的地方只有 20 米。当年，麦哲伦率领船队在海峡航行时，夜晚曾见南边岛屿上升起一个个火柱。这是印第安人点燃的烽火，因此这个岛屿也就被称为"火地岛"。火地岛是麦哲伦海峡南边的最大岛屿，东部属阿根廷，西部属智利。

7. 莫桑比克海峡：位于非洲大陆东南部与马达加斯加岛之间，是南大西洋和印度洋之间的航运要道，是世界最长的海峡。早在 10 世纪以前，阿拉伯人就经过莫桑比克海峡，来到莫桑比克地区建立商站，进行贸易。13 世纪，海峡地区曾经建立过经济、文化相当发达的马卡兰加帝国。明初，郑和下西洋也曾到过莫桑比克海峡。

由于重要的地理位置，莫桑比克海峡历来为殖民者所垂涎。从 16 世纪起，葡萄牙、荷兰、法国、英国先后染指该地区。之后，莫桑比克和马达加斯加分别沦为葡萄牙和法国的殖民地。为了扩大殖民利益，葡法两国分别在莫桑比克和马达加斯加修建了大量港口与军事基地，包括东岸马达加斯加的马任加、图莱亚尔，西岸莫桑比克的马普托、莫桑比克城、贝拉、克利马内等。其中，莫桑比克城更是有着悠久的历史，作为地理大发现和新航路发现时期的古老港口，它曾经在海上交通史上起过重要的作用。从该港口出发，铁路与非洲内陆的铁路网相连接，可以横贯非洲大陆南部，直抵安哥拉位于大西洋岸边的港口。这不仅使得莫桑比克海峡成为沟通印度洋及大西洋最便捷的交通要道，而且也使海峡地区成为殖民者向东非和亚洲侵略扩张的基地。

8. 白令海峡：位于楚科奇半岛与阿拉斯加半岛之间，连接北冰洋与太平洋，是亚洲与北美洲的分界线，太平洋与北冰洋间的唯一通道。

9. 朝鲜海峡：位于朝鲜半岛东南部与日本九州岛、本州岛之间，呈东北—西南走向，连接日本海与东海，是日本海通往太平洋的重要通道。大约 300 千米，宽约 180 千米，一般水深 50～150 米。

10. 德雷克海峡：位于南美洲与南极半岛之间，连接大西洋与南太平洋，是南美洲与南极洲的界线，各国科考队赴南极考察必经之路。

珊 瑚 岛

珊瑚岛一般分布在热带海洋中，它是由活着的或已死亡的一种腔肠动物——珊瑚虫的礁体构成的一种岛。在珊瑚岛的表面常覆盖着一层磨碎的珊瑚粉末——珊瑚砂和珊瑚泥。根据它形成的状态，可将珊瑚岛分为岸礁、堡礁和环礁三种类型：岸礁分布在靠近海岸或岛岸附近，成长条形状，主要分布在南美的巴西海岸及西印度群岛，我国台湾岛附近所见的珊瑚礁大多是岸礁；堡礁分布距岸较远，呈堤坝状，与岸之间有泻湖分布，最有名的就是澳大利亚东海岸外的大堡礁；环礁分布在大洋中，它的形状极其多样，但大多呈环状，主要分布在太平洋的中部和南部，而且多成群岛分布。

世界著名的珊瑚岛有：

（1）珊瑚岛大堡礁（澳大利亚）；

第二章　陆地和海洋

119

（2）马尔代夫群岛（马尔代夫）；

（3）马绍尔群岛（马绍尔）；

（4）加罗林群岛（帕劳）；

（5）南沙群岛（中国）；

（6）西沙群岛（中国）；

（7）东沙群岛（中国）；

（8）中沙群岛（中国）；

（9）拉利克群岛（马绍尔）；

（10）图瓦卢群岛（图瓦卢）；

（11）拉克沙群岛（印度）。

世界著名的火山岛

1. 济州岛：济州岛是韩国最大的岛屿，是一座典型的火山岛，面积 1819.5 平方千米，海岸线长 286.5 千米。岛中央是通过火山爆发而形成的海拔 1950 米的韩国最高峰——汉拿山。

2. 冰岛：冰岛是欧洲北部的国家，位于北大西洋中部，靠近北极圈。在这个岛上可以领略到冰川、热泉、冰原、雪峰、活火山、火山岩荒漠、瀑布等千姿百态的自然风光。

3. 菲律宾群岛：菲律宾大部分是由山地、高原和丘陵构成。多活火山，地震频繁。棉兰老岛的阿波火山是菲律宾最高的山峰，吕宋岛的马荣火山是菲律宾最大的活火山。主要河流有棉兰老河、卡加延河，贝湖是全国最大湖泊。

4. 斐济群岛：斐济位于西南太平洋中心，是南太平洋地区的交通枢纽。陆地总面积1.8万多平方千米，海洋水域面积129万平方千米，岛屿多为珊瑚礁环绕的火山岛，主要有维提岛和瓦鲁阿岛等。

5. 关岛：关岛是美国的小岛，虽然名声远远没有盖过夏威夷，但也是个伊甸园式的地方。关岛的杜梦湾可以让人一踏出门槛便能看到充满五彩缤纷的海底生物的海洋保育区。

6. 塞班岛：塞班岛是北马里亚纳群岛联邦首府塞班的所在地，是北马里亚纳群岛中面积最大的岛，也是联邦内近90％人口所在地。位于关岛北方约200千米处，菲律宾海与太平洋之间，西南面临菲律宾海，东北面临太平洋。

7. 所罗门群岛：位于南太平洋西部，美拉尼西亚岛群中部。与其他群岛相比，这里的火山活动不频繁也不剧烈，对当地居民的生产生活并不产生严重影响，所以所罗门群岛又有"幸运之岛"之称。

8. 锡拉岛：希腊基克拉泽斯群岛中最南的岛屿，在爱琴海西南部。面积76平方千米，主要城市锡拉。岛上东半部有喷发火山的遗迹，并有潟湖。湖中心有活火山，海拔566米。全岛多熔岩和浮石。所产红葡萄酒很著名。多地震，1956年大地震损失颇重。经考古发掘，该岛在青铜器时代已与克里特岛的早期米诺斯文化有密切联系。多古废墟。

9. 夏威夷群岛：也是太平洋上有名的火山活动区，因为这些岛屿正位于太平洋底地壳断裂带上，夏威夷群岛由地壳断裂处喷发出的岩浆形成的。20世纪60年代，地质学家曾提出用夏威夷岛下暗藏的热泉活动来解释夏威夷的奇异地貌。地质学家认为，太平洋板块在夏威夷热泉的上方缓慢移动，就好像是一张纸在一根点燃的蜡烛上移动，移到哪里，哪里就开始喷发火山，形成火山岛。

10. 爪哇岛：地形以山地、丘陵为主，中间间隔盆地，地处亚欧板块和印度洋板块的消亡边界上，地质活跃，多地震和火山。岛上有一东西走向的纵向山脉，山脊有许多火山，两侧是石灰岩山岭和低地。爪哇是火山活动较多的地区，不过严重的喷发次数极少。岛西部火山聚集，中部和东部则较为分散。

世界著名的半岛

1. 阿拉伯半岛：世界最大半岛，位于亚洲西南部，东临波斯湾、阿曼湾，南临亚丁湾和阿拉伯海，西隔红海与非洲大陆相望，北与亚洲大陆的分界大致在西起红海东北部的亚喀巴湾北端东至波斯湾的阿拉伯河口一线。南北长约 2240 千米，东西宽 1200～1900 千米，面积 322 万平方千米，山岳海拔 1200～2500 米不等。是古老平坦台地式高原。地势自西南向东北倾斜。除西南端海拔 2700～3200 米的也门高地外，仅在西南和东南部有小部分山地。其中，西岸南段的希贾兹山脉高 1500 米，山峰多为死火山锥，最高峰哈杜尔舒艾卜峰海拔 3760 米。中部为广阔的沙漠，面积约 120 万平方千米，约占半岛面积的 40%，较大的沙漠自北向南依次为内夫得沙漠，代赫纳沙漠和鲁卜哈利沙漠。其中以鲁卜哈利沙漠为最大，面积 65 万平方千米。半岛地处北纬 13°～20°，北回归线横贯其中，属热带荒漠气候，气候干热，大陆性强。年平均气温在 20℃以上，绝对最高气温可达 50～55℃，为世界最热地区之一，最冷月平均气温多在 15～24℃之间。大部地区年平均降水量不足 100 毫米，北部地区冬季因受地中海气候影响，年降水可达 200 毫米左右，也门高地和南部沿岸山前平原，夏季因受印度洋气流和地形的影响，年降水量可达 500～1000 毫米。因此半岛中部沙漠广布，热带干草原分布于沙漠四周。只有在山前沿海平原和内陆地势低洼及地下水位较高处，才分布有狭窄或零星的绿洲，灌溉农业和牧业相对发达，人口比较集中。较大的绿洲有也门高地沿岸狭窄平原，以胡富夫为中心的艾赫萨绿洲，以利雅得为中心的海尔季绿洲等。绿洲中盛产椰枣。南部沿海平原盛产热带作物，如咖啡、橡胶、杧果等。牧业以饲养骆驼为主。波斯湾沿岸盛产石油，有"世界油海"之称。

2. 印度半岛：世界第二大半岛，亚洲南部三大半岛之一。位于印度境内，以德干高原为主体，故又称德干半岛。西临阿拉伯海，东临孟加拉湾，北以肯帕德湾的北尽头东至胡格利河口湾一线为界，呈倒三角形，伸入印度洋。南北长约 1600 千米，东西最宽约 1600 千米，面积 136 万平方千米，平均海拔 600 米。东、西缘沿海岸分别纵列着东、西高止山脉，外侧山麓有狭窄的山前沿海平原。较大河流有讷尔默达河、戈达瓦里河等。大部分地区属热带季风气候。每年 10 月至翌年 2 月为凉季，平均气温 10℃以上；3～6 月为热季，高原中部可达 35℃左右；7～9 月为雨季。年平均降水 800 毫米。

3. 中南半岛：世界第三大半岛，也叫中印半岛或印度支那半岛。位于亚洲东南部。东濒南海，南濒泰国湾，西临孟加拉湾、安达曼海，北、西北与中国、印度接壤。半岛中部有狭长的马来半岛向南延伸，直至赤道附近的新加坡海峡。半岛东部为越南、老挝、柬埔寨，西部为缅甸，中部为泰国，南部为马来西亚。面积206.9万平方千米。地势北高南低，山河相间，纵列分布。山脉主要有长山山脉、他念他翁山脉、若开山脉。大河有红河、湄公河、湄南河、萨尔温江、伊洛瓦底江，多数发源于中国境内。热带季风气候，旱雨两季分明。多热带季雨林，盛产柚木、稻米、天然橡胶、油棕生产在世界占重要地位。世界最大的锡矿开采区，钨矿与石油也较丰富。

4. 拉布拉多半岛：北美洲最大半岛，世界第四大半岛。位于加拿大东部，哈得孙湾与大西洋及圣劳伦斯湾之间。面积140万平方千米。地处前寒武纪加拿大地盾东部，为古代北美大陆三大冰川中心之一，长达1.6万千米的海岸线曲折交错，多峡湾。地表为海拔300～900米的低高原，北部托加特山海拔1500米以上，有冰槽谷等冰碛地貌。湖泊众多，有"湖泊高原"之称。河流富水力，多源出中部，常与湖泊、瀑布串联，各自入海。属极地长寒气候，东岸有拉布拉多寒流经过，降水季节变化较均匀。除夏季短暂温凉外，地表均为冰雪覆盖。北部沿海为苔原—冰沼土，中南部为针叶林—灰化土。河谷以胶枞、黑云杉为主的森林茂密，有麋、驯鹿、黑熊、北极熊、海豹等野生动物。铁矿储量丰富。居民稀少，多从事渔业、狩猎和毛皮加工业。

5. 斯堪的纳维亚半岛：世界第五大半岛，欧洲最大的半岛。在巴伦支海、挪威海、北海和波罗的海之间，东北部与大陆相连，其间没有明显的自然界线。南北长 1850 千米，东西宽 400～700 千米，面积约 75 万平方千米。半岛有挪威、瑞典两国及芬兰北端的一小部分。

半岛地质古老，由于受到第四纪冰川的强烈作用，半岛上冰川地形非常普遍。除大量的冰斗和冰川槽谷外，并多冰川湖泊。挪威沿海，由于冰川槽受海水侵入而形成一系列典型的峡湾，这些峡湾狭长、曲折、幽深，宽仅一至数千米，长度往往超过 100 千米，两岸多为高峻的山崖，是船舰良好的停泊地。斯堪的纳维亚山脉纵贯半岛中西部。山脉构成半岛地形的主轴。山脉西坡陡峻，直临挪威沿岸。许多地方形成峭耸的悬崖。东坡比较平缓，成阶梯状经丘陵台地过渡到波罗的海的沿岸平原。山脉海拔 1000 米左右，最高峰是挪威境内的格利特峰，海拔 2470 米。整个半岛处于北纬 56°～71°之间，一般属寒温带气候。全年多西风和北风。由于受大西洋暖流的影响，冬季气温高于同纬度的其他地区，最北部 1 月平均气温仅—15℃左右。降水充沛，西部沿海处迎风坡，年降水量达 3000 毫米，但背风的东部仅 450～750 毫米。

全区森林茂密，平均覆盖率 50％。森林工业在挪威和瑞典均为重要经济部门。半岛金属矿藏丰富，铁矿尤为驰名。瑞典、挪威都为铁矿砂出口国。瑞典的基律纳是世界上地下开采的最大铁矿。挪威沿海又是世界上最大的渔场之一，捕鱼量居世界前列。瑞典和挪威造船工业见长，所造船舶大部分供出口。林业、水力发电、铁矿开采、渔业、造船业和航运业均为斯堪的纳维亚半岛国家富有传统的经济部门。

6. 伊比利亚半岛：又称比利牛斯半岛，位于欧洲西南部，欧洲南部三大半岛之一。西靠大西洋，东临地中海，北临比斯开湾，东北以比利牛斯山脉同法国相接，南以直布罗陀海峡同非洲相望。面积 58.4 万平方千米。包括西班牙、葡萄牙、安道尔三国和英属直布罗陀。地形以高原山地为主，海岸平直。西部和西南部为低地。地中海型气候为主。北部沿海为温带海洋性气候，内陆为温带大陆性气候。农作物以麦类、玉米、油橄榄、柑橘、葡萄等为主。矿产多样，汞和黄铁矿的储量较大。

7. 小亚细亚半岛：亚洲西部半岛，位于土耳其境内。北临黑海，西临爱琴海，南濒地中海，东接亚美尼亚高原。主要由安纳托利亚高原和土耳其西部低矮山地组成。面积 52.5 万平方千米。南缘是托罗斯山脉，北缘是克罗卢山和东卡德尼兹山（两山合称庞廷山脉），东侧是亚美尼亚高原。形成三面环山、一面敞开，地势自东向西逐渐降低的地形特征。半岛内部的安纳托利亚高原拔 800～1200 米，由平坦台地和断陷盆地组成。多湖泊、泥沼，荒漠草原广布。高原西部是较为低矮的山地，山脉走向多与海岸线垂直。海岸线曲折，港湾众多，岛屿密布。

8. 巴尔干半岛：南欧最大半岛，位于欧洲东南部。西临亚得里亚海，东滨黑海，东南隔黑海海峡与亚洲相望，北以多瑙河、萨瓦河至里雅斯特一线为界与中欧相连，南濒爱琴海和伊奥尼亚海。面积约 50.5 万平方千米。有希腊、保加利亚、阿尔巴尼亚、马其顿、波黑、克罗地亚、斯洛文尼亚、塞尔维亚、罗马尼亚及土耳其部分领土。半岛地处欧、亚、非三大陆之间，是联系欧亚的陆桥，东南有黑海海峡扼黑海的咽喉，地理位置极其重要。

巴尔干半岛地形多山，"巴尔干"土耳其语意为"多山"，主要山脉有西部的迪纳拉山脉、品都斯山脉，东部的巴尔干山脉、罗多彼山脉。平原低地少且分布零散，主要在北部及东部的河谷地带。半岛西部和南部属地中海型气候，冬季温和湿润，夏季炎热干燥；其他地区为温和大陆性气候。除多瑙河、萨瓦河外，河流多短小流急，水量资源丰富。南部为地中海景观，生长着由地中海型栎、杉等组成的硬叶常绿林及常绿灌丛；北部及内部山区为温带阔叶林。有森林资源及煤、铜、石油等矿产资源。

9. 堪察加半岛：亚洲东北部半岛，属俄罗斯联邦堪察加州。东濒太平洋和白令海，西临鄂霍次克海。从东北向西南延伸1200千米，中部最宽达450千米，北部以宽约100千米的地峡与大陆相连。面积约37平方千米。地质构造上属新生代阿尔卑斯褶皱带。斯列金山脉（中部山脉）和沃斯托内奇山脉（东部山脉）纵贯南北，前者沿半岛轴部延伸，后者与东海岸平行。两列山脉之间为中央堪察加低地，有堪察加河流经。地壳不稳定，火山活跃，地震频繁，多温泉和间歇泉。计有160余座火山，其中活火山28座。沃斯托内奇山脉中段的克柳切夫活火山海拔4750米，为半岛的最高点。沿西海岸为狭长平原，称西堪察加低地。地处北纬51°～61°之间，气候冬寒夏凉，东部受海洋影响，较中、西部温湿。2月平均气温−13℃，8月平均气温12℃；年降水量600～1100毫米。中南部是半岛森林区，广布以落叶松占优势的针叶树以及桦树、白杨等；北部为森林苔原和原。矿藏有西海岸的煤和东部山地的泥煤、浮石、金、汞、硫、铜、钼等，均未大规模开采。居民大部分是俄罗斯人。渔业是最重要的经济活动，捕捞鲱鱼、比目鱼和蟹等。有少量农业及牛和驯鹿放养业。工业以鱼类加工和木材加工为主。利用温泉建有地热发电站。东南海岸的彼得罗巴甫洛夫斯克为堪察加州首府，也是半岛最大的城市和港口。

10. 马来半岛：亚洲东南部中南半岛向南延伸部分，起自克拉地峡。又称马六甲半岛。西临安达曼海，西南隔马六甲海峡与苏门答腊岛相望。长约 1100 千米，最宽处约 320 千米。面积约 13 万平方千米。分属缅甸、泰国及马来西亚。多丘陵。为热带雨林气候，终年多雨。广布热带雨林和季雨林。矿产以锡、钨、石油为主。农产有橡胶、椰子、稻米等。

世界的大型三角洲

世界上面积最大的三角洲是恒河-布拉马普特拉河三角洲。以下是世界面积排名前 10 的三角洲。

（1）恒河-布拉马普特拉河三角洲（孟加拉国、印度）：80000 平方千米；

（2）长江三角洲（中国）：50000 平方千米；

（3）湄公河三角洲（柬埔寨、泰国）：44000 平方千米；

（4）尼日尔河三角洲（尼日利亚）：36000 平方千米；

（5）伊洛瓦底江三角洲（缅甸）：30000 平方千米；

（6）勒拿河三角洲（俄罗斯）：30000 平方千米；

（7）密西西比河三角洲（美国）：26000 平方千米；

（8）奥里诺科河三角洲（委内瑞拉）：26000 平方千米；

（9）尼罗河三角洲（埃及）：24000 平方千米；

（10）红河三角洲（越南）：15000 平方千米。

世界著名的渔场

从洋流对渔场影响的角度讲，世界上有四大渔场：

（1）北海道渔场，是由日本暖流与千岛寒流交汇形成的。

（2）纽芬兰渔场，是由墨西哥湾暖流与拉布拉多寒流交汇形成的。

（3）北海渔场，是由北大西洋暖流与东格陵兰寒流交汇形成的。

（4）秘鲁渔场，是由秘鲁沿岸的上升补偿流形成的。

海洋渔业资源主要集中在沿海大陆架海域，也就是从海岸延伸到水下大约 200 米深的大陆海底部分。这里阳光集中，生物光合作用强，入海河流带来丰富的营养盐类，因而浮游生物繁盛。它们是鱼类的饵料，一般温带海区较多。温带海区季节变化显著，冬季表层海水和底部海水发生交换，上泛的海水含有丰富的营养盐类，有利于浮游生物繁殖。另外寒暖流交汇和冷海水上泛处，饵料也很丰富。从这几方面综合考虑，世界有五大渔场：

（1）北太平洋渔场：是包括北海道渔场、我国舟山渔场、北美洲西海岸众多渔场在内的广阔区域；

（2）东南太平洋渔场：是包括秘鲁渔场在内的广阔区域；

（3）西北大西洋渔场：是包括纽芬兰渔场在内的广阔区域；

（4）东北大西洋渔场：是包括北海渔场在内的广阔区域；

（5）东南大西洋渔场：是包括非洲西南部沿海渔场在内的广阔区域。

苏伊士运河

苏伊士运河（Suez Canal）位于埃及境内，是连通欧、亚、非三大洲的主要国际海运航道，连接红海与地中海，使大西洋、地中海与印度洋连接起来，大大缩短了东西方航程。与绕道非洲好望角相比，从欧洲大西洋沿岸各国到印度洋缩短 5500～8000 千米；从地中海各国到印度洋缩短 8000～10000 千米；对黑海沿岸来说，则缩短了 12000 千米，它是一条在国际航运中具有重要战略意义的国际海运航道，每年承担着全世界约 14% 的海运贸易。

苏伊士运河全长约 193.5 千米，航道深度为 23.5 米。苏伊士运河从 1859 年开凿到 1869 年竣工。运河开通后，英法两国就垄断苏伊士运河公司 96% 的股份，每年获得巨额利润。

　　苏伊士运河处于埃及西奈半岛西侧。它北起塞得港南至苏伊士城。苏伊士运河是一条在国际航运中具有战略意义的海运航道，中东地区出口到西欧的石油，70％经由苏伊士运河运送。在全世界所有的通海运河中，若论过往船只数量及货运量，苏伊士运河均名列前茅。

巴拿马运河

　　巴拿马运河是世界上最具有战略意义的两条人工水道之一，另一条为苏伊士运河。行驶于美国东西海岸之间的船只，原先不得不绕道南美洲的合恩角（Cape Horn），使用巴拿马运河后可缩短航程约 5000～10000 千米。由北美洲的一侧海岸至另一侧的南美洲港口也可节省航程多达6500 千米。航行于欧洲与东亚或澳大利亚之间的船只经由该运河也可减少航程 3700 千米。巴拿马运河全长 81.3 千米，水深 13～15 米不等，河底宽 152～305 米。整个运河的水位高出两大洋 26 米，设有 6 座船闸。船舶通过运河平均需要 17 小时。

　　巴拿马运河由美国建成，自 1914 年通航至 1979 年间一直由美国独自掌控。1979 年，运河的控制权转交给巴拿马运河委员会（由美国和巴拿马共和国共同组成的一个联合机构），并于 1999 年 12 月 31 日正式将全部控制权交给巴拿马。运河的经营管理交由巴拿马运河管理局负责，而管理局只向

巴拿马政府负责。

巴拿马运河的开凿过程是一段不平凡的历史。多少年来，帝国主义一直试图控制拉美国家，包括这些国家的主权领土、能源、交通等等一系列经济来源。处在这一地区的巴拿马共和国曾经就是一个受到扩张、侵占的国家，巴拿马人民在历史上总是陷入复杂的国际角逐，巴拿马运河就是最好的见证。

尼　罗　河

尼罗河是世界第一长河，源于非洲东北部布隆迪高原，流经卢旺达、布隆迪、坦桑尼亚、肯尼亚、乌干达、扎伊尔、苏丹、埃塞俄比亚和埃及等国，全长6671千米。最终注入地中海，是世界上流经国家最多的国际性河流之一。

"尼罗河"一词最早出现于2000多年前。关于它的来源有两种说法：一是来源于拉丁语"尼罗"（nlie）意思是"不可能"。因为尼罗河中下游地区很早以前就有人居住，但是由于瀑布的阻隔，使得中下游地区的人们认为要了解河源是不可能的，故名尼罗河。二是认为"尼罗河"一词是由古埃及法老（国王）尼罗斯（nilus）的名字演化来的。

尼罗河是由卡盖拉河、白尼罗河、青尼罗河三条河流汇流而成。尼罗河下游谷地河三角洲则是人类文明的最早发源地之一，古埃及文明诞生在此。至今，埃及绝大部分人口与工农业生产集中在这里。因此，尼罗河被视为埃及的生命线。

亚 马 孙 河

亚马孙河，全长约 6480 千米，位于南美洲，虽然长度在世界上处于第二位，但流量是世界上最大的，比尼罗河、密西西比河和长江的流量总和还要大，亚马孙河的流域面积也是世界上最大的。

亚马孙河向大西洋排放的水量达到了 21 万米^3/秒，相当于全世界所有河流向海洋排放的淡水总量的五分之一，从亚马孙河口直到肉眼看不到海岸的地方，海洋中的水都不咸，150 千米以外海水的含盐量都相当低。

亚马孙河主河道有 1.5～12 千米宽，从河口向内河有 3700 千米的航道，海船可以直接到达秘鲁的伊基托斯，小一点的船可以继续航行 780 千米到达阿库阿尔角，再小的船还可以继续上行。

亚马孙河流域面积达到 705 万平方千米，相当于南美洲总面积的 40%，从北纬 5°伸展到南纬 20°，源头在安第斯山高原中，离太平洋只有很短的距离，经过秘鲁和巴西在赤道附近进入大西洋。

亚马孙河共有 1000 多条支流，分在南美洲大片土地上，流域面积几乎如同整个澳大利亚。支流中，17 条长逾 1500 千米；最长的是马代拉河，长逾 3200 千米。亚马孙流域的热带雨林大半位于巴西。亚马孙河地势平展，故受大西洋潮汐

第二章　陆地和海洋

影响的河段长达 966 千米，远及奥比杜斯。

流经国家最多的多瑙河

多瑙河在欧洲仅次于伏尔加河，是欧洲第二长河，被人赞美为"蓝色的多瑙河"，像一条蓝色飘带蜿蜒在欧洲大地上。它发源于德国西南部的黑林山的东坡，自西向东流经奥地利、斯洛伐克、匈牙利、克罗地亚、塞尔维亚、保加利亚、罗马尼亚、乌克兰 9 个国家，在乌克兰中南部注入黑海，是世界上干流流经国家最多的河流。

多瑙河流域位于中欧东南部，三面环山。西部有黑林山，南部由西至东有阿尔卑斯山、韦莱比特山、迪纳拉山、老山及巴尔干山；北部自西至东有黑林山、舒马瓦山、苏台德山和喀尔巴阡山。东面临黑海。

人们说，多瑙河是布达佩斯的灵魂，而布达佩斯是匈牙利的骄傲。踏入这座古城，既可以欣赏到迷人的风光，又可以领略到历史的变迁。

塞尔维亚首都贝尔格莱德是个美丽的城市，它坐落在多瑙河与萨瓦河交汇处，碧波粼粼的多瑙河穿过市区，把城市一分为二。贝尔格莱德的意思是"白色之城"。贝尔格莱德附近是多瑙河中游平原的一部分，是全国最大的农业区，向有"谷仓"之称，生产了全国 2/3 的小麦和玉米，它还是全国甜菜、向日葵和水果的重要产地。贝尔格莱德是塞尔维亚最重要的工业中心和水、陆、空交通枢纽，是全国机械制造中心。

蓝色的多瑙河缓缓穿过奥地利的首都维也纳市区。这座具有悠久历史的古老城市，山清水秀，风景绮丽，优美的维也纳森林伸展在市区的西郊，郁郁葱葱，绿荫蔽日。每年这里都要举行丰富多彩的音乐节。漫步维也纳街头或小憩公园座椅，人们几乎到处都可以听到优美的华尔兹圆舞曲，看到一座座栩栩如生的音乐家雕像。维也纳的许多街道、公园、剧院、会议厅等，都是用音乐家的名字命名的。因此，维也纳一直享有"世界音乐名城"的盛誉。

欧洲的第一大河：伏尔加河

伏尔加河发源于莫斯科西北面的瓦尔代高地，曲折南流，沿途经过加里宁、高尔基、喀山、古比雪夫、伏尔加格勒等重要城市，流入里海。干流全长 3530 千米，流域面积 136 万平方千米，是欧洲第一大河。因为它不与海洋相通，所以是世界上最长、流域面积最广的内流河。

伏尔加河像一棵枝杈蔓生的大树，通过运河交通网，它可以通往波罗的海和亚速海，直达莫斯科，航运十分发达。在著名的港口和支流卡马河上，还建有高尔基、雷宾斯克、古比雪夫等大型水利枢纽工程和梯级电站，组成了巨大的水电网。河中渔产丰富，每年有三五个月的冰封期。

伏尔加河还是里海的"加油站"。由于蒸发严重，里海的水量在不断减少，面积在不断缩小。伏尔加河每年供应里海的水量达 255 立方千米，几乎等于亚速海的水量，减缓了里海变小的速度。如果没有伏尔加河，里海就失去"世界第一大湖"的称号了。

航运繁忙的莱茵河

莱茵河干流全长 1230 多千米，全年水量充沛，自瑞士巴塞尔起，通航里程达 886 千米；两岸的许多支流，通过一系列运河与多瑙河、罗讷河等繁忙的航运水系连接，构成了一个四通八达的水运网。

莱茵河所流经的是欧洲的主要工业区，人烟稠密。德国的现代化工业区鲁尔就在它的支流鲁尔河和利珀河之间。在鲁尔河和利珀河之间，通过 4 条人工开凿的运河和 74 个河港与莱茵河连成一体，7000 吨海轮可由此直达北海。莱茵河的航道就像公路一样，每隔一定距离就有一块里程碑，上面标注着数字。莱茵河不仅保证了鲁尔区的工业用水，还为鲁尔区提供了重要的运输条件。正是依靠着这种便利的运输条件，大批铁矿砂和其他矿物原料才能源源不断地从国外运到这里。鲁尔工业区与荷兰内河航运网之间运输十分繁忙，每天船只来来往往，就像大街上的车水马龙，货运量居世界前列。

莱茵河运费低廉而有助于将原料的价格降低，这是莱茵河成为工业生产区域主轴线的主因，现有 1/5 的世界化工产品是莱茵河沿岸生产的。

死海不死的奥秘

死海是怎样形成的呢？请先听一个古老的传说吧。

远古时候，这儿原来是一片大陆。村里男子们有一种恶习，先知鲁特劝他们改邪归正，但他们拒绝悔改。上帝决定惩罚他们，便暗中谕告鲁特，叫他携带家眷在某年某月某日离开村庄，并且告诫他离开村庄以后，不管身后发生多么重大的事故，都不准回过头去看。鲁特按照规定的时间离开了村庄，走了没多远，他的妻子因为好奇，偷偷地回过头去望了一眼。只见转瞬之间，好端端的村庄塌陷了，出现在她眼前的是一片汪洋大海，这就是死海。她因为违背上帝的告诫，立即变成了石人。

虽然经过多少世纪的风雨，她仍然立在死海附近的山坡上，扭着头日日夜夜望着死海。上帝惩罚那些执迷不悟的人们：让他们既没有淡水喝，也没有淡水种庄稼。

这当然是神话，是人们无法认识死海形成过程的一种猜测。其实，死海是一个咸水湖，它的形成是自然界变化的结果。死海地处约旦和巴勒斯坦之间南北走向的大裂谷的中段，它的南北长约 75 千米，东西宽 5～16 千米，海水平均深度 300 米，最深的地方大约有 398 米。死海的源头主要是约旦河，河水含有很多的矿物质。河水流入死海，不断蒸发，矿物质沉淀下来，经年累月，越积越多，便形成了今天世界上最咸的咸水湖——死海。

几十年前，死海还是一片荒凉。为了开发利用它的资源，死海旁边出现了一些工厂，同时修建了一些现代化的游泳池、高级旅馆和游乐场所。死海上空艳阳高照，海面空气清新，含氧量高，海水治病的功能不逊于温泉，吸引着许多游客。这样一来，就使它出现了不少生气。但是，由于死海的蒸发量大于约旦河输入的水量，造成水面日趋下降。据专家统计，近些年来，死海水面每年下降 40～50 厘米。长此下去，在不久的将来，南部较浅的地方，海水将会消失；较深的北部，数百年后也可能干涸。那时，死海真的要死了。

第三章

气象和气候

用通俗的话来说，气象指发生在天空中的风、云、雨、雪、霜、露、虹、晕、闪电、雷等一切大气的物理现象。气候是大气物理特征的长期平均状态。研究气候的科学是气候学。时间尺度为月、季、年、数年到数百年以上。气候以冷、暖、干、湿这些特征来衡量，通常由某一时期的平均值和离差值表征。

五个基本气候带

　　世界上气候带的分布是非常有规律的，它们的排列与纬线平行，而且南北半球对称。位于赤道两侧，南、北纬 23°26′之间的地带是热带；位于南、北纬 23°26′～66°34′之间的地带是温带，北半球的叫北温带，南半球的叫南温带；位于南、北纬 66°34′到南、北极之间的地带是寒带，北半球的叫北寒带，南半球的叫南寒带。世界上一共可以划分成这样五个气候带。

　　为什么世界上的气候带这样有规律地成带状分布呢？这还得从太阳说起。太阳给地球带来光和热。由于地球是个球体，所以，地球表面上接收到的太阳光热是不均匀的，赤道地区得到的太阳光热多，两极地方得到的太阳光热少。相同的两个日光柱照在地球表面上，它们所照射的面积是不相同的，地球表面上单位面积所得到的太阳光热就不一样多。在赤道附近，太阳光从头顶直射下来，地面上单位面积所得到的热量要比高纬地区多得多。

　　大家知道，地球在不停地围绕太阳公转。公转时，地球的自转轴——地轴，并不是和地球公转的轨道面相垂直，而是形成的 66°34′的夹角。地球在公转的过程中，地轴的倾角始终不改变，太阳在地球上的直射点不停地在南北纬 23°26′之间移动。所以，人们把北纬 23°26′的纬线叫作北回归线；南纬 23°26′的纬线叫作南回归线。

南、北回归线之间的广大地区，由于那里能够受到太阳的直射，得到的太阳光热最多，气候炎热，所以叫作热带。热带面积占全地球总面积的 39.8％。热带地区不仅全年温度变化不大，而且昼夜的长短变化也不大。赤道上全年昼夜一样长，在回归线上，白天最长不超过 13 小时 25 分，最短不小于 10 小时 35 分，全年相差不过 2 小时 50 分。

在南回归线以南、北回归线以北的地区，全上都不会受到太阳的直射，而且越向两极昼夜长短变化越大。到了南纬 66°34′以南和北纬 66°34′以北地区，就会出现极昼和极夜现象。所以，南纬 66°34′纬线叫作南极圈；北纬 66°34′纬线叫作北极圈。每年夏至，在北极圈上就会出现极夜现象。这一天，太阳从天空中消失了，人们只能看到星星在闪烁。在南、北极圈到南、北两极的地区内，都会出现极昼和极夜的现象，南北极附近一年中有半年是白天，半年是黑夜。尽管这里有时太阳终日不落，但是由于太阳光倾斜得厉害，地面上得到的光热仍然很少，气候非常寒冷，所以叫作寒带。

位于回归线和极圈之间的地区，得到的太阳光热比热带少，比寒带多，叫作温带。温带是世界上面积最广的一个气候带。位于南半球的叫南温带，位于北半球的叫北温带。南、北温带的面积占全球总面积的 51.7％。每年，当太阳直射北回归线时，北温带进入了一年中获得太阳光热量多的季节——夏季。而当太阳直射南回归线的时候，在北温带地区，太阳斜射得最厉害，是一年中获得太阳光热最少的季节——冬季。太阳直射赤道的时候，南、北温带得到的太阳光热比夏季少，比冬季多，就是春、秋季。所以，在温带，一年中有明显的春、夏、秋、冬四季，气候比较温和。

把世界气候划分为五个气候带，是最基本的划分方法，它能使人们懂得：一个地方获得太阳光热的多少，对气候的形成具有决定性的影响，那就是，纬度越低，气温越高；纬度越高，气温越低。五带的划分只能说明世界各地冷热的基本情况，但由于地球上有水、陆分布的差异，地形高低的不同，地面植物状况也不一样。所以，世界上的气候是千变万化的，影响气候形成的因素也是多种多样的，就是在同一个气候带中各地的气候也不会都是一样的。

同一个气候带中的气候都一样吗

地球上一共有五个气候带，它们是：热带、北温带、南温带、北寒带、南寒带。热带热，寒带冷，温带温和、四季分明，这是世界气候最简单的规律。实际上，各地的气候是千差万别的。同是热带地区，有的地方雨量充沛、气候湿润，是枝叶茂密的森林；而有的地方却干燥少雨，是茫茫的沙漠和乱石遍地的戈壁。在广阔的温带、寒带地区也是如此。在每个气候带内都有几种不同的气候类型。

在热带地区内，有热带雨林、热带草原、热带沙漠、热带季风等几种气候类型。

热带雨林气候是一种高温多雨的气候类型。主要分布在赤道两侧，南、北纬5°之间的地区。这里一年中大部分时间都受太阳直射，全年各月的平均气温都在24～28℃之间，可以说是终年如夏，只有在夜晚和下过雨以后，气温才略微降低一些。这里不仅全年高温，而且全年降雨很多，湿度很大，年降水量在 2000 毫米左右。高温多雨的气候使得这里的植物高大茂密，全年常绿。

从热带雨林气候分布区向北向南去，气温虽然仍很高，但降水却不如热带雨林地区多了，而且季节分配也不均匀，一年中有一个湿季和一个干季。湿季时，树木、草类生长繁茂，到处一片葱绿；干季来临的时候，植物因为缺水而枯黄，树木在这种气候下很难长得好。所以这个地区树木稀少，到处长满了茂密的高草。人们把这种气候称为热带草原气候。

到了南、北回归线附近的热带地区，降水更加稀少，有的地方甚至全年都很少下雨。干热的气候使植物难以生长，到处是荒凉的沙丘和裸露的岩石，所以称为沙漠气候。白天，太阳把沙石晒得滚烫，放上个鸡蛋都能烫熟；夜晚，沙石很快把热量散光了，人们感到很凉，需要盖上被子睡觉。一天中白天和夜晚温度的差别往往比一年中各月的平均温度相差都大。

在亚洲大陆的东南部和南部的中南半岛、印度半岛地区，属于热带季风气候。它的特征与热带草原气候相类似，只是夏季降雨更丰富些。这里夏季受从太平洋和印度洋吹来的海风影响，降水充沛，而冬季受从亚欧大陆吹来的旱风影响，降水较少。一年中有明显的雨季和旱季之分。

温带地区也和热带一样有着几种不同的气候类型。由于世界上最大的大陆亚欧大陆和北美洲大陆主要位于温带，所以，对温带地区说来，是否濒临海洋，以及距海远近，对气候的影响很大。温带地区可划分为温带大陆性气候、温带海

143

洋性气候和温带季风性气候等几种类型。

温带大陆性气候主要分布在大陆内部。由于距离海洋远，降水较少，气候干燥。冬季比同纬度的地区冷，夏季比同纬度的地区热，一年中气温变化幅度很大。在温带大陆性气候地区里，越接近大陆腹地，越是干燥，常有大片沙漠分布；纬度较高的北部地区，气温较低，蒸发量小，气候较潮湿，有大面积温带森林分布；介于温带森林与温带沙漠之间的地区，常有温带草原分布。

位于温带大陆西岸的地区，由于受海洋和西风的影响，冬季温暖，夏季凉爽，降水充沛，属于温带海洋性气候。欧洲西部大西洋沿岸地区是世界上面积最大、最典型的温带海洋性气候区。

温带大陆东南部是温带季风气候，这里冬季受从大陆吹来的冬季风影响，气候寒冷干燥，夏季受从海洋上吹来的夏季风影响，气候炎热多雨。亚洲东南部有大片地区属于温带季风气候。

从热带气候区向北、向南到温带气候区总是逐步过渡的，所以在热带与温带之间有一些过渡型的气候类型，一种是分布在大陆东部的亚热带季风性湿润气候，另一种是大陆西部分布较广的地中海型气候。地中海型气候主要分布在南北纬 30°～40°之间大陆的西岸，冬天温和多雨，夏天炎热干燥，以地中海沿岸最为典型。

寒带气候一般也叫极地气候、冰雪气候，冬季寒冷而漫长，只在极圈附近有短促的夏季，气温可超过 0℃，其余广大地区终年都是冰天雪地。寒带气候又可分为苔原和冰原两种气候类型。

亚欧大陆和北美大陆北部的边缘地带，大部分位于极圈以内，一年中只有一到四个月时间的气温在 0～10℃ 之间，其他时间都在 0℃ 以下。森林不能生长了。只有一些苔藓、地衣类植物生长，所以叫苔原气候。

南极大陆、格陵兰岛的大部分及北冰洋的一些岛屿上，全年各月平均气温都在 0℃ 以下，终年严寒，遍地冰封雪盖，属于冻原气候。也叫永冻气候。

影响气候变化的因素

纬度位置、大气环流、海陆分布、洋流和地形是影响气候的主要因素。其中，前二者是全球性的地带性因素，后三者是非地带性因素。

纬度位置是影响气候的基本因素。因地球是个很大的球体，纬度不同的地方，太阳照射的角度就不一样，有的地方直射，有的地方斜射，有的地方整天或几个月受不到阳光的照射。因此，各地方的太阳高度角不同，接受太阳光热的多少就不一样，气温的高低也相差悬殊。一般是纬度越低，气温越高；纬度越高，气温越低。各地区所处的纬度位置不同，是造成世界各地气温不同的主要原因。

大气环流是形成各种气候类型和天气变化的主要因素。大气圈内空气作不同规模的运行，统称为大气环流。它是大气中热量、水汽等输送和交换的重要方式。大气环流的表现形式有行星风系、季风环流、海陆风、山谷风等，人们平常讲的大气环流，主要是指行星风系。大气环流对气候的影响十分显著，赤道低气压带上升气流强烈，水汽易于凝结，降水丰富；副热带高气压带下沉气汽盛行，水汽不易凝结，雨水稀少；在信风带气流从纬度较高的地区流向低纬度地区，水汽不易凝结，一般少雨。但在大陆东岸，信风从海上吹来，降水机会较多；在大陆西岸，信风从内陆吹来，降水就少。在西风带控制的地区，大陆西岸风从海上吹来，水汽充沛，降水丰富，越向内陆水汽越少，降水减少；大陆东岸，西风从内陆吹来，降水较少。一般说来，上升气流和从低纬度流向高纬度的气流，气温由高变低，水汽容易凝结，降水机会较多；下沉气流和从高纬度流向低纬度的气流，气温由低变高，水汽不易凝结，降水机会就少。因此，在不同气压带和风带控制下，气候特征，尤其是降水的变化有显著的差异。加之风带和气压带随季节的移动，从而形成各种不同的气候类型。

海陆分布改变了气温和降水的地带性分布。由于海洋和陆地的物理性质不同，在强烈的阳光照射下，海洋增温慢，陆地增温快；阳光减弱以后，海洋降温慢而陆地降温快。海洋与陆地表面空气中所含水汽的多少也不同，一般说来，在海洋或近海的地区，气温的日变化和年变化较小，降水比较丰富，降水的季节分配也比较均匀，多形成海洋性气候。因此，在相同的纬度，处于同一气压带或风带控制之下的地区，由于所处的海陆位置不同，形成的气候特征也不同。

地形的起伏能破坏气候分布的地带性。地形是一个非地带性因素，不同的地形对气候有不同的影响。在同一纬度地带，地势越高，气温越低，降水在一定高度的范围内，是随高度的升高而增加。因此，在热带地区的高山，从山麓到山顶，先后出现从赤道到极地的气候变化。另外，高大的山脉可以阻挡气流的运行，山脉的迎风坡和背风坡的气温与降水有明显的差异。

洋流对其流经的大陆沿岸的气候也有一定的影响。从低纬度流向高纬度的洋流，因含有大量的热能，对流经的沿海地区，起有增温增湿的作用；从高纬度流向低纬度的洋流，水温低于周围海面，对所流经的沿海地区有降温减湿作用。因而在气温上，洋流可以调节高、低纬度间的温差，在盛行气流的作用下，使同纬度大陆东西岸气温显著不同，破坏了气温纬度地带性的分布。

风向和风力

气象上把风吹来的方向确定为风的方向。因此，风来自北方叫作北风，风来自南方叫作南风。气象台站预报风时，当风向在某个方位左右摆动不能肯定时，则加以"偏"字，如偏北风。当风力很小时，则采用"风向不定"来说明。而风力就是风的前进速度。相邻两地间的气压差愈大，空气流动越快，风速越大，风的力量自然也就大。所以通常都是以风力来表示风的大小。风速的单位用每秒多少米或每小时多少千米来表示。而发布天气预报时，大都用的是风力等级。

风向的测量单位用方位来表示。如陆地上，一般用 16 个方位表示，海上多用 36 个方位表示；在高空则用角度表示。用角度表示风向，是把圆周分成 360°，北风（N）是 0°（即 360°），东风（E）是 90°，南风（S）是 180°，西风（W）是 270°，其余的风向都可以由此计算出来。

为了表示某个方向的风出现的频率，通常用风向频率这个量，它是指一年（月）内某方向风出现的次数和各方向风出现的总次数的百分比，即：

风向变化＝某风向出现次数/风向的总观测次数×100%

由计算出来的风向频率，可以知道某一地区哪种风向比较多，哪种风向最少。根据观测发现，中国华北、长江流域、华南及沿海地区的冬季多刮偏北风（北风、东北风、西北风），夏季多刮偏南风（南风、东南风、西南风）。

测定风向的仪器之一为风向标，它一般离地面 10～12 米高，如果附近有障碍物，其安置高度至少要高出障碍物 6 米以上，并且指北的短棒要正对北方。风向箭头指在哪个方向，就表示当时刮什么方向的风。测风器上还有一块长方形的风压板（重型的重 800 克，轻型的重 200 克），风压板旁边装一个弧形框子，框上有长短齿。风压板扬起所过长短齿的数目，表示风力大小。

在自然界中，风能帮助判知方向。如木制的柱架，其迎风面颜色深黑容易腐坏，而悬崖及石头迎风面较为光滑。但必须熟悉当地的盛行风向，这在沙漠地区尤为重要。风是塑造沙漠地表面形态的重要因素，在单风向地区一般以新月形沙丘及沙丘链为主。沙丘和沙垄的迎风面，坡度较缓；背风面，坡度较陡。中国西北地区，由于盛行西北风，沙丘一般形成西北向东南走向。沙丘西北面坡度小，沙质较硬，东南面坡度大，沙质松软。在西北风的作用下，沙漠地区的植物，如酥油草、红柳、梭梭柴、骆驼刺等向东南方向倾斜。蒙古包的门通常也朝向背风的东南方向。冬季在枯草附近往往形成许多小雪垄、沙垄，其头部大尾部小，头部所指的方向就是西北方向。风向还因地区和季节的不同而异。因此根据风向特征判定方向，平时应参阅兵要地志，了解当地四季盛行风向，以便得出正确的判断。还须注意，在具有多种风向而风力又大致相似的地区，则会出现金字塔形沙丘，在此地区判定方向较为复杂，应参考日月和星辰综合判别。

在科学技术高度发展的现代战场上，风向、风力等因素与作战行动的关系则更为密切。飞机不明风向就难以展翅，舰艇不知风情就难以巡航，炮兵不精确测风就难以打准，就是"风雨无阻"的步兵，不辨风势也难以顺利完成任务，如部队移动，顺风增速逆风减速；战场观察，顺风视野远，逆风眼界窄；战场掩护，不精确计算，盲目射击和施放烟幕就难奏效；各种枪弹和炮弹在运行中也要受到风的影响。风对核武器、生物武器和化学武器的使用效果影响更大，当风向与核爆炸冲击波传播方向一致时，动压增加，破坏力加大，而风速越大，破坏力也越大，反之破坏力就小。可以预见，在未来战争中，"万事俱备，只欠东风"的情况，将会经常遇到。指挥员要想取得作战胜利，就要借风利、避风害，准确掌握作战地区的风向、风力以及各种季节、时间的来风规律，并由此设计出破敌方案。

季 风 现 象

现代气象学意义上季风的概念是 17 世纪后期由哈莱首先提出来的，即季风是由太阳对海洋和陆地加热差异形成的，进而导致了大气中气压的差异。夏季时，由于海洋的热容量大，加热缓慢，海面较冷，气压高，而大陆由于热容量小，加热快，形成暖低压，夏季风由冷洋面吹向暖大陆；冬季时则正好相反，冬季风由冷大陆吹向暖洋面。这种由于下垫面热力作用不同而形成的海陆季风也是最经典的季风概念。到 18 世纪上半叶，哈得莱对季风模型进行了补充和修正。他指出，按照哈莱的理论，南亚地区阿拉伯海至印度的季风应该是夏季吹南风，冬季吹北风，但实际观测到的却是夏季吹西南风，冬季吹东北风。这是因为夏季当气流从南半球跨越赤道进入北半球时，由于地球的自转效应，气流会受到一个向右的惯性力作用，这个力就是地转偏向力。由于地转偏向力的作用，气流在向北的运行过程中向右偏，形成了西南风。

此外，受青藏高原的地形作用及其他因子的影响，东亚的季风比南亚地区更复杂。其中，西太平洋一带属热带季风区，冬季盛行东北季风，夏季盛行西南季风；夏季，西太平洋热带东南季风，日本副热带西南季风。冬季，北纬 30°以北为西北季风，以南为东北季风。

现代人们对季风的认识有了进步，至少有三点是公认的，即：

（1）季风是大范围地区的盛行风向随季节改变的现象，这里强调"大范围"是因为小范围风向受地形影响很大；

（2）随着风向变换，控制气团的性质也产生转变，例如，冬季风来时感到空气寒冷干燥，夏季风来时空气温暖潮湿；

（3）随着盛行风向的变换，将带来明显的天气气候变化。

季风形成的原因，主要是海陆间热力环流的季节变化。夏季大陆增热比海洋剧烈，气压随高度变化慢于海洋上空，所以到一定高度，就产生从大陆指向海洋的水平气压梯度，空气由大陆指向海洋，海洋上形成高压，大陆形成低压，空气从海洋吹向大陆，形成了与高空方向相反气流，构成了夏季的季风环流。在中国为东南季风和西南季风。夏季风特别温暖而湿润。

冬季，大陆迅速冷却，海洋上温度比陆地要高些，因此大陆为高压，海洋上为低压，低层气流由大陆流向海洋，高层气流由海洋流向大陆，形成冬季的季风环流。在中国为西北季风，变为东北季风。冬季风十分干冷。

季风地区享有得天独厚的气候，那里的降水多半来自夏季风盛行时期。中国古代利用季风实施航海活动，取得过辉煌的成就。明代郑和下西洋，除了第一次夏季起航秋季返回外，其余六次都是在冬半年的东北季风期间出发，在西南季风期间归航。这充分说明了古人对风活动规律已经有了深刻的认识。

由于大陆和海洋在一年之中增热和冷却程度不同，在大陆和海洋之间大范围的、风向随季节有规律改变的风，称为季风。形成季风最根本的原因，是由于地球表面性质不同，热力反应有所差异引起的。由海陆分布、大气环流、大地形等因素造成的，以一年为周期的大范围的冬夏季节盛行风向相反的现象。

亚洲地区是世界上最著名的季风区，其季风特征主要表现为存在两支主要的季风环流，即冬季盛行西北季风和夏季盛行西南季风，并且它们的转换具有暴发性的突变过程，中间的过渡期很短。一般来说，11月至翌年3月为冬季风时期，6～9月为夏季风时期，4～5月和10月为夏、冬季风转换的过渡时期。但不同地区的季节差异有所不同，因而季风的划分也不完全一致。

能预报天气的植物

在中国西双版纳生长着一种奇妙的花，当暴风雨将要来临时，便开放出大量的花朵，人们根据它的这一特性，可预先知道天气的变化，因此大家叫它"风雨花"。风雨花又叫红玉帘、菖蒲莲、韭莲，是石蒜科葱兰属草本花卉。它的叶子呈扁线形，很像韭菜的长叶，弯弯悬垂。鳞茎呈圆形，较葱兰略粗。春夏季开花，花为粉红色或玫瑰红色。风雨花原产墨西哥和古巴，喜欢生长在肥沃、排水良好、略带黏性的土壤上，不耐寒冷。

那么，风雨花为什么能够预报风雨呢？原来，在暴风雨到来之前，外界的大气压降低，天气闷热，植物的蒸腾作用增大，使风雨花贮藏养料的鳞茎产生大量促进开花的激素，促使它开放出许多的花朵。

无独有偶。在澳大利亚和新西兰生长着另一种奇花，也能预报晴天还是下雨，所以人们称它为"报雨花"。这种花非常像中国的菊花，花瓣呈长条形，有各种不同的颜色和花姿，二者所不同的是，报雨花的花朵比菊花大2～3倍。

科学家通过研究发现，报雨花能预报晴雨的奥秘是，它的花瓣对湿度比较敏感，当空气湿度增加到一定程度时，其花瓣就会萎缩，把花蕊紧紧地包起来；而当空气湿度减少时，它的花瓣又会慢慢地展开。当地居民在出门之前，总是要看一下报雨花，如果花开就不会下雨，如果花萎缩，就预示着将会下雨，因此人们亲切地称它为"植物气象员"。

花儿知晴雨，草木报天气。多年生草本植物结缕草和茅草，也能够预测天气。当结缕草在叶茎交叉处出现霉毛团，或茅草的叶茎交界处冒水沫时，就预示要出现阴雨天。因此，有"结缕草长霉，天将下雨""茅草叶柄吐沫，明天冒雨干活"的谚语。

有趣的是，草不仅能预报天气，而且还能测量气温。在瑞典南部有一种"气温草"，它竟能像温度计一样测量出温度的高低。这种草的叶片为长椭圆形，花为蓝、黄、白三色，所以又叫它"三色堇"。它的叶片对气温反应极为敏感，当温度在20℃以上时，叶片向斜上方伸出；若温度降到15℃时，叶片慢慢向下运动，直到与地面平行为止；当温度降至10℃时，叶片就向斜下方伸出。如果温度回升，叶片又恢复为原状。当地的居民根据它的叶片伸展方向，便可知道温度的高低。

更为有趣的是，大树也能预报天气。在中国广西忻城县龙顶村，有一棵 100 多年树龄的青冈树，它的叶片颜色随着天气变化而变化：晴天时，树叶呈深绿色；久旱将要下雨前，树叶变成红色；雨后天气转晴时，树叶又恢复了原来的深绿色。当地居民根据树叶的颜色变化，便可知道是阴天还是晴天，故人们称它为"气象树"。

科学家经过研究，揭开了这棵青冈树叶色变化能预报天气之谜。原来，树叶中除了含有叶绿素之外，还含有叶黄素、花青素、胡萝卜素等。叶绿素是叶片中的主要色素，在大树生长过程中，当叶绿素的代谢正常时，便在叶片中占有优势，其他色素就被掩盖了，因此叶片呈绿色。由于这棵青冈树对气候变化非常敏感，在长期干旱即将下雨前，常有一段闷热强光天气，这时树叶中叶绿素的合成受到了抑制，而花青素的合成却加速了，并在叶片中占了优势，因而树叶由绿变红。当雨过干旱和强光解除后，花青素的合成又受到抑制，却加速了叶绿素的合成，这样叶色又恢复了原来的深绿色。

在安徽和县大滕村旁有一棵奇树（当地人叫它"朴树"），株高 7 米，树围 3 米多，树冠覆盖面积达 100 多平方米，也是一株名副其实的"气象树"。根据其发芽的早迟和树叶疏密即可知道当年雨水的多少。如谷雨前发芽，且芽多叶茂，即预示当年雨水多，往往有涝灾；如正常发芽，且叶片分布有疏有密，即预示风调雨顺；如推迟发芽，叶片也长得少，则为少雨年份，常常出现严重旱灾。

实践证明，它的预报很准确。例如，1934 年，这种树推迟到农历 6 月份才发芽，结果和县出现特大旱灾；1954 年，它发芽又早又多，那年和县发了大水；1978年，它推迟到端午节才发芽，果然又是大旱年。

降 水 类 型

　　从天空的云中降落到地面上的液态水或固态水，如雨、雪、雹等，总称降水。降水的条件是在一定温度下，当空气不能再容纳更多的水汽时，就成了饱和空气。空气饱和时如果气温降低，空气中容纳不下的水汽就会附着在空气中以尘埃为主的凝结核上，形成微小水滴——云、雾。云中的小水滴互相碰撞合并，体积就会逐渐变大，成为雨、雪、冰雹等降落到地面。从云中降落到地面上的液态水或固态水，统称为大气降水，包括雨、雪、霰、冰雹等。

　　降水的形成过程是云中的小水滴增大成为雨滴、雪花及其他降水物的过程。大气降水时必有云，但有云未必有大气降水。组成云体的云滴、冰晶等体积很小（仅相当于雨滴的百万分之一），随着气流的运动会不断冲撞合并增大，当云滴体积增长到足够大，以至气流不能支持时才能形成水滴下降，在下降的过程中不被蒸发才会形成降水。一般，在高空形成的大冰晶在较暖气层中溶化后，和大水滴一起以雨的形式降落。如果气温低于0℃，来不及溶化，就以雪、霰或冰雹等固态水降落。

　　大气降水可分为地形雨、对流雨、锋面雨、台风雨四种基本类型。

第
三
章

气
象
和
气
候

155

（1）地形雨。当潮湿的气团前进时，遇到高山阻挡，气流被迫缓慢上升，引起绝热降温，发生凝结，这样形成的降雨，称为地形雨。地形雨多降在迎风面的山坡（迎风坡）上，背风坡面则因空气下沉引起绝热增温，反使云量消减，降雨减少。

（2）对流雨。是近地面气层强烈受热促使低层空气上升，水汽冷却凝结，形成对流雨。

（3）锋面雨。锋面活动时，暖湿气流在上升过程中，由于气温不断降低，水汽就会冷却凝结，成云致雨，这种雨称锋面雨。锋面常与气旋相伴而生。锋面有系统性的云系，但是并不是每一种云都能产生降水的。两种性质不同的气流相遇，它们中间的交界面叫锋面。在锋面上，暖、湿、较轻的空气被抬升到冷、干、较重的空气上面去。在抬升的过程中，空气中的水汽冷却凝结，形成的降水叫锋面雨。

（4）台风雨。台风雨是热带海洋上的风暴带来的降雨。这种风暴是由异常强大的海洋湿热气团组成的，台风经过之处暴雨狂泻，一次可达数百毫米，有时可达 1000 毫米以上，极易造成灾害。称为台风雨。台风不但带来大风，而且相伴发生降水。台风云系有一定规律，台风中的降水分布在海洋上也很有规律，但是在台风登陆后，由于地形摩擦作用，就不那么有规律了。例如风中有上升气流的整个涡旋区，都有降水存在，但是以上升运动最强的云墙区降水量最大，螺旋云带中降水量已经减少，有时也形成暴雨，台风眼区气流下沉，一般没有降水。

云、雨、雪、雾、霜、露等的形成

1. 雨的形成。由液态水滴（包括过冷却水滴）所组成的云体称为水成云。水成云内如果具备了云滴增大为雨滴的条件，并使雨滴具有一定的下降速度，这时降落下来的就是雨或毛毛雨。

2. 雪的形成。冰云是由微小的冰晶组成的。这些小冰晶在相互碰撞时，冰晶表面会增热而有些融化，并且会互相黏合又重新冻结起来。这样重复多次，冰晶便增大了。当小冰晶增大到能够克服空气的阻力和浮力时，便落到地面，这就是雪花。

3. 云的形成。云的形成主要是由水汽凝结造成的。漂浮在天空中的云彩是由许多细小的水滴或冰晶组成的，有的是由小水滴或小冰晶混合在一起组成的。有时也包含一些较大的雨滴及冰、雪粒，云的底部不接触地面，并有一定厚度。

4. 雾的形成。凡是大气中因悬浮的水汽凝结，能见度低于1千米时，气象学称这种天气现象为雾。

5. 露的形成。夏天，地面很热，水汽特别多。黎明前的气温较低时，水汽便会在树叶、花草上凝结成为露。

6. 霜的形成。冬天的早晨，地面的气温特别低，水蒸气遇冷在地面上便凝华成为白茫茫的霜。

7. 冰雹的形成。当温度低于摄氏零度时，过剩的水汽便

第三章 气象和气候

会凝华成细小的冰晶。这些水滴和冰晶聚集在一起，飘浮于空中便成了云。

8. 与人类生活的关系。雨水可以缓解人类的干旱，浇灌农田。但是雨下得太大太多，洪水泛滥也会造成水灾，对人类的生命财产带来威胁。

到开春融化的雪水可以对农作物浇灌一次，有利于作物的生长，但内蒙古冬季的暴雪，使气温下降到－30～－40℃，会造成雪灾将大量羊冻死，对当地的牧民带来很大的损失。对于生产茶叶的山区，由于雾的原因，可以烤出有名的"云雾茶"来，但是雾对于高速公路，将会造成行车事故，给人民带来生命财产的损失。

至于冰雹对人类是绝无半点好处，只会给人类以带来灾害：大的冰雹常常毁坏庄稼和砸伤人畜，造成灾害。

所以雨、雪、云、雾、露、霜和冰雹与人类生活的关系，既有有利的，也有有害的。

半夜雷雨成因

从雷雨的形成原因来看，可分为两种，一种是冷暖空气汇合时造成的，称锋面雷雨；一种是局地受热不均而产生的，称热雷雨。锋面雷雨范围广，雨量大，持续时间长，往往是先下雨后打雷，而热雷雨则范围小，常常是先雷后雨，持续时间短，下了就停，雨量小。"雷公先唱歌，有雨也不多"指的就是热雷雨。楼主所说的半夜雷雨是指雷雨的时间。

春天，人们多在睡梦正酣的半夜到早晨被隆隆的雷声惊醒，即为"春雷惊梦"。夏天，在睡梦中是很少听到雷声的，因为夏季雷阵雨大多发生在午后到傍晚。那么为什么春夏季节雷阵雨在一天中的发生时间不同呢？雷阵雨是在潮湿空气发生强烈对流运动的情况下产生的，它的发生与大气的稳定度有着极为密切关系。

夏天，在晴天风小的日子里，地面受到强烈的阳光照射，把近地面的空气加热，愈接近地面气温升得愈高，午后是地面气温升得最高的时候，也是大气在一天中最不稳定的时期，因此强对流运动的发展在这时候最为迅速。如果这时空气非常潮湿，水汽丰富，那么这一天午后到傍晚就会出现雷阵雨。这种由地面强烈受热形成的雷阵雨，就是热雷雨。而半夜到早晨，地面气温降得最低，大气趋向稳定，所以热雷雨不易形成。

春天雷阵雨的发生情况不同于夏天。夏天热雷雨多在同一暖气团情况下产生，雷雨发生前天气是晴朗的，而春雷大多发生在冷暖气团交锋的地带。当南北两股冷暖气团交锋时，暖湿空气爬在冷空气背上，大量水汽被凝结出来，使天空阴云密布，连日下雨，地面上终日不见阳光，从而使白天气温不能升得很高，夜晚气温不能降得很低，气温的日变化很小。但在高空云层的顶部，白天仍受到太阳光照射，那里的气温日变化却相对变大了。白天云层被阳光晒得很热，温度容易升高，大气头部变轻了，稳定度增加，形成雷阵雨的可能性变小；而到了夜间，云顶向太空散热，云层上部的温度下降，特别是半夜到早晨，是一天中温度下降得最低的时候，大气的头部变重，趋向不稳定，这种云层内便发展起对流运动，形成打雷闪电、暴雨滂沱的雷雨云。这就是春雷多在半夜到早晨出现的道理。其实这个就是锋面雷雨。

六 月 飞 雪

产生"六月雪"的直接原因，多半是夏季高空有较强的冷平流。例如 1980 年莫斯科的"六月雪"，就是由于斯堪的纳维亚北部寒流的入侵所致。最近，也有专家认为"六月飞雪"的产生，与可导致气候异常的太阳活动、洋流变化、火山爆发等因素有关。

《澳大利亚夏天下雪！出现银色圣诞》报道：南半球的澳大利亚现在正值夏天，但是竟然下起雪来！这几天澳大利亚气候突变，气温从前两天的 20～30℃，骤降到今天的－1℃，而且雪花纷飞，使澳大利亚人首次尝到银色圣诞的滋味。下雪前的两个月天气是"非常炎热，达到 40℃，到处山林大火。维多利亚州焚烧面积广达 4 万多平方千米，全国的救火员疲于奔命，有一人被火烧死"。

《南京七月飞雪，专家表示惊讶，称夏天下雪闻所未闻》报告：中国四大火炉之一的南京秦淮区，于 2005 年大暑后第七天——7 月 30 日中午 12 时 50 分左右，在一阵狂风后飘了一阵几分钟的雪花，雪后气象是暴雨夹冰雹。

《四川江安 7 月飞大雪》报告：2004 年大暑日的 8 点 18

分许，晴空万里的四川省江安县仁和乡百竹海中心校方圆一千米范围内，突然纷纷扬扬飘起了时长约5分钟的大雪。

《山东临淄现"六月飞雪"奇观》报告：2002年大暑后第六天下午3时15分至3时20分，山东临淄市临淄城区上空飞下降暑的及时雪。

《可可西里环保手记：卓乃湖七月飞雪》的飞雪时间是2002年7月28夜，地点在西藏可可西里区卓乃湖。

《新疆巴仑台6月飞雪，竟酿30年不遇雪灾》报告：2002年6月17日16时起，新疆和静县北部的巴仑台山区连续两天降雪，雪深最深处达到了50～80厘米，致使216和218国道、321省道遭受雪阻，100多千米的道路全部中断，50多辆汽车和近百人受阻，给当地牧民造成了巨大损失。但2年前，《中新社：新疆巴仑台六月飞雪》就报告：进入6月中旬，新疆各地烈日炎炎，气温高达30℃，但新疆巴仑台县小山的查汗努尔一带飞降罕见的大雪。巴仑台县地处乌鲁木齐市南。截至6月13日，降雪时间已长达36小时，积雪厚度达40厘米以上，气温降至－15℃，受灾被困人口1688人，其中重灾民1013人，受灾牲畜70184头（只），造成直接经济损失909200元人民币。

《成都四月雪纷飞，天降异象警世人》报告：2002年4月16晚8时半起，四川省西岭雪山下了10多个小时的大雪，积雪厚达60厘米。

《石家庄的六月雪举市震惊！》报告：2001年小暑后第八天的5月30日，河北省灵寿县五岳寨在连日高温中忽然飞下一场漫天大雪，地上积雪30多厘米厚。

看云识天气

长期的观测和实践表明，云的产生和消散以及各类云之间的演变和转化，都是在一定的水汽条件和大气运动的条件下进行的。人们看不见水汽，也看不见大气运动，但从云的生消演变中可以看到水汽和大气运动的一举一动，而水汽和大气运动对雨、雪、冰、雹等天气现象起着极为重要的作用。

千百年来，中国劳动人民在生产实践中根据云的形状、来向、移速、厚薄、颜色等的变化，总结了丰富的"看云识天气"的经验，并将这些经验编成谚语。我们在这里将这些有关"看云识天气"的谚语汇总在一起，有兴趣的朋友不妨留心作一些观察对照。

"天上钩钩云，地上雨淋淋"：钩钩云指钓卷云，这种云的后面，常有锋面（特别是暖锋）、低压或低压槽移来，预兆着阴雨将临。

"炮台云，雨淋淋"：炮台云指堡状高积云或堡状层积云，多出现在低压槽前，表示空气不稳定，一般隔 8～10 小时左右有雷雨降临。

"云交云，雨淋淋"：云交云指上下云层移动方向不一致，也就是说云所处高度的风向不一致，常发生在锋面或低压附近，所以预示有雨，有时云与地面风向相反，则有"逆风行云，天要变"的说法。

"江猪过河，大雨滂沱"：江猪指雨层云下的碎雨云，出现这种云，表明雨层云中水汽很充足，大雨即将来临。有时碎雨云被大风吹到晴天无云的地方，夜间便看到有像江猪的云飘过"银河"，也是有雨的先兆。

　　"棉花云，雨快临"：棉花云指絮状高积云，出现这种云表明中层大气层很不稳定，如果空气中水汽充足并有上升运动，就会形成积雨云，将有雷雨降临。

　　"天上灰布悬，雨丝定连绵"：灰布云指雨层云，大多由高层云降低加厚蜕变而成，范围很大、很厚，云中水汽充足，常产生连续性降水。

　　"云往东，车马通；云往南，水涨潭；云往西，披蓑衣；云往北，好晒麦"：根据云的移动方向来预测阴晴，云向东、向北移动，预示着天气晴好；云向西、向南移动，预示着会有雨来临。云的移动方向，一般表示它所在高度的风向。这一谚语说明，云在低压内不同部位的分布情况。它适用于密布全天、低而移动较快的云。

　　"鱼鳞天，不雨也风颠"：鱼鳞天指卷积云，出现这种云，表明高层大气层不稳定，如果云层继续降低、增厚，说明本地区已处于低压槽前，很快会下雨或刮风。

　　"天上鲤鱼斑，明日晒谷不用翻"：鲤鱼斑指透光高积云，往往处在由冷变暖的变性高压气团控制下，云层如果没有继续增厚，短期内仍是晴天。

　　"乌云接落日，不落今日落明日"指太阳落山时，西方地平线下升起一朵城墙似的乌云接住太阳，说明乌云东移，西边阴雨天气系统正在移来，将要下雨。一般来说，如接中云，则当夜有雨；如接高云，则第二天有雨。但如西边的乌云呈条块状或断开，或本地原来就多云，那就不是未来有雨的征兆了。

"西北开天锁，明朝大太阳"：指阴雨天时，西北方向云层裂开，露出一块蓝天，称"天开锁"。这说明本地已处在阴雨天气系统后部，随着阴雨系统东移，本地将雨止云消，天气转好。

"太阳现一现，三天不见面"：指春、夏时节，雨天的中午，云层裂开，太阳露一露脸，但云层又很快聚合变厚，这表明本地正处在准静止锋影响下，准静止锋附近气流升降强烈、多变。上升气流增强时，云层变厚，降雨增大；上升气流减弱时，云层变薄，降雨减小或停止；中午前后，太阳照射强烈，云层上部受热蒸发，或云层下面上升气流减弱，天顶处的云层就会裂开。随着太阳照射减弱，或云层下部上升气流加强，裂开的云层又重新聚拢变厚。因此，"太阳现一现"常预示继续阴雨。这句谚语和"太阳笑，淋破庙"、"亮一亮，下一丈"等谚语类同。

"日落射脚，三天内雨落"：指太阳从云层的空隙中照射下来，称"日射脚"，傍晚出现日射脚，说明对流作用强烈，预示有雨。

"朝霞不出门，晚霞行千里"：早晨东方无云，西方有云，阳光照到云上散射出彩霞，表明空中水汽充沛或有阴雨系统移来，加上白天空气一般不大稳定，天气将会转阴雨；傍晚如出晚霞，表明西边天空已放晴，加上晚上一般对流减弱，形成彩霞的东方云层，将更向东方移动或趋于消散，预示着天晴。

"久晴大雾阴，久阴大雾晴"：指的是久晴之后出现雾，说明有暖湿空气移来，空气潮湿，是天阴下雨的征兆；久阴之后出现雾，表明天空中云层变薄裂开消散，地面温度降低而使水汽凝结成辐射雾，持续到日出后雾将消去，就会出现晴天。

在暖季的早晨，如天边出现了堡状云，表示这个高度上的潮湿气层已经很不稳定，到了午间，低层对流一旦发展，上下不稳定的层次结合起来，就会产生强烈的对流运动，形成积雨云而发生雷雨。所以有"清早宝塔云，下午雨倾盆"的谚语。

另外，有天气预兆的云在演变过程中，往往具有一定的连续性、季节性和地方性。当天空中的云按照卷云、卷层云、高层云、雨层云这样的次序从远处连续移来，而且逐渐由少变多，由高变低，由薄变厚时，就预兆很快会有阴雨天气到来；相反，如果云由低变高、由厚变薄、由成层而崩裂为零散状的云时，就不会有阴雨天气。在暖季早晨，天空如出现底平、顶凸、孤立的云块（淡积云），或移动较快的白色碎云（碎积云），表明中低空气层比较稳定，天气晴好。

此外，云的颜色也可预兆一定的天气，如冰雹云的颜色先是顶白底黑，而后云中出现红色，形成白、黑、红色乱绞的云丝，云边呈土黄色。黑色是阳光透不过云体所造成的；白色是云体对阳光无选择散射或反射的结果；红黄色是云中某些云滴（直径在千分之一到百分之一毫米之间）对阳光进行选择散射的现象。有时雨云也呈现淡黄色，但云色均匀，不乱翻腾。还有不少谚语是从云色和云形来预兆要下冰雹的。例如，内蒙古有"不怕云里黑，就怕云里黑夹红，最怕黄云下面长白虫"等谚语，山西有"黄云翻，冰雹天；乱绞云，雹成群；云打架，雹要下"、"黑云黄云土红云，翻来覆去乱搅云，多有雹子灾严重"等谚语。还有"午后黑云滚成团，风雨冰雹一齐来"、"天黄闷热乌云翻，天河水吼防冰蛋"等说法，这些都说明当空气对流强盛，云块发展迅猛，像浓烟一股股地直往上冲，云层上下前后翻滚时，就容易下冰雹。

季 节 划 分

人们现常按气温和物候划分为春、夏、秋、冬称为四季。四季的划分有不同的标准。以下介绍几种常见的划分：

1. 天文学上：以四个中气即"二至二分"：春分、夏至、秋分、冬至分别作为四季的开始。它是按中国农历节气的一种分法。

2. 中国古代：多用"四立"节气立春、立夏、立秋、立冬作为四季的开始，它也是按农历节气的一种分法。

3. 公历（格里历）一般以1月份为最冷月，7月份为最热月，故以公历3月、4月、5月份为春季，6月、7月、8月份为夏季，9月、10月、11月份为秋季，12月、1月、2月份为冬季。这种四季的分法，较适宜于四季分明的温带地区，此分法适用性差。

4．农历以正月、二月、三月为春季，四月、五月、六月为夏季，七月、八月、九月为秋季，十月、十一月、十二月为冬季。这种划分方法也存在适用性差的问题。

第一种划分法和第二种划分法和第四种划分法都是按农历（含节气和农历月份）划分的。

5．候温法：1934 年，中国学者张宝坤结合物候现象与农业生产，提出了另一种分季方法。他以候（每五天为一候）平均气温稳定降低到 10℃以下作为冬季开始，稳定上升到 22℃以上作为夏季开始。候平均气温从 10℃以下稳定上升到 10℃以上时，作为春季开始。从 22℃以上稳定下降到 22℃以下时，作为秋季开始。即：候平均气温≤10℃，冬季；10～22℃，春季；≥22℃，夏季；22～10℃，秋季，这种分季方法，可以结合各地的具体气候和农业，故运用得较多。所以我国的农历节气和农历日期在各地都是把它赋予新含义的，各地指导农业生产的谚语都不一样的。按这种划分法有很多地方就不一定有四季，可能有三季，二季，或只有一季。

四季分明，冬夏长而春秋短，冬夏各约四个月，春秋各约两个月，四季开始日期各地有差异。

6．按物候划分法：在中国一些少数民族地区或世界的其他一些地区按照当地的物候和气象划分季节，如在中国有的地区就把一年划分为"干、雨、风"三季等。

二十四节气的来历

二十四节气起源于黄河流域。远在春秋时代，就定出仲春、仲夏、仲秋和仲冬等四个节气。以后不断地改进与完善，到秦汉年间，二十四节气已完全确立。公元前 104 年，由邓平等制定的《太初历》，正式把二十四节气订于历法，明确了二十四节气的天文位置。

太阳从黄经零度起，沿黄经每运行 15°所经历的时日称为"一个节气"。每年运行 360°，共经历 24 个节气，每月 2 个。其中，每月第一个节气为"节气"，即：立春、惊蛰、清明、立夏、芒种、小暑、立秋、白露、寒露、立冬、大雪和小寒等 12 个节气；每月的第二个节气为"中气"，即：雨水、春分、谷雨、小满、夏至、大暑、处暑、秋分、霜降、小雪、冬至和大寒等 12 个节气。"节气"和"中气"交替出现，各历时 15 天，现在人们已经把"节气"和"中气"统称为"节气"。

二十四节气反映了太阳的周年视运动，所以节气在现行的公历中日期基本固定，上半年在 6 日、21 日，下半年在 8 日、23 日，前后不差 1～2 天。

为了便于记忆，人们编出了二十四节气歌诀：

春雨惊春清谷天，夏满芒夏暑相连，

秋处露秋寒霜降，冬雪雪冬小大寒。

二十四节气七言诗：

地球绕着太阳转，绕完一圈是一年。

一年分成十二月，二十四节紧相连。

按照公历来推算，每月两气不改变。

上半年是六、廿一，下半年逢八、廿三。

这些就是交节日，有差不过一两天。

二十四节有先后，下列口诀记心间：

一月小寒接大寒，二月立春雨水连；

惊蛰春分在三月，清明谷雨四月天；

五月立夏和小满，六月芒种夏至连；

七月大暑和小暑，立秋处暑八月间；

九月白露接秋分，寒露霜降十月全；

立冬小雪十一月，大雪冬至迎新年。

抓紧季节忙生产，种收及时保丰年。

随着中国历法的外传，二十四节气已流传到世界许多地方。

立春：立是开始的意思，立春就是春季的开始。

雨水：降雨开始，雨量渐增。

惊蛰：蛰是藏的意思。惊蛰是指春雷乍动，惊醒了蛰伏在土中冬眠的动物。

春分：分是平分的意思。春分表示昼夜平分。

清明：天气晴朗，草木繁茂。

谷雨：雨生百谷。雨量充足而及时，谷类作物能茁壮成长。

立夏：夏季的开始。

小满：麦类等夏熟作物籽粒开始饱满。

芒种：麦类等有芒作物成熟。

夏至：炎热的夏天来临。

小暑：暑是炎热的意思。小暑就是气候开始炎热。

大暑：一年中最热的时候。

立秋：秋季的开始。

处暑：处是终止、躲藏的意思。处暑是表示炎热的暑天
结束。

白露：天气转凉，露凝而白。

秋分：昼夜平分。

寒露：露水以寒，将要结冰。

霜降：天气渐冷，开始有霜。

立冬：冬季的开始。

小雪：开始下雪。

大雪：降雪量增多，地面可能积雪。

冬至：寒冷的冬天来临。

小寒：气候开始寒冷。

大寒：一年中最冷的时候。

（1）立春。二十四节气之一。春季开始的节气。每年 2
月 4 日或 5 日太阳到达黄经 315°时为立春。《月令七十二候集
解》："正月节，立，建始也……立夏秋冬同。"古代"四立"，
指春、夏、秋、冬四季开始，其农业意义为"春种、夏长、
秋收、冬藏"，概括了黄河中下游农业生产与气候关系的全
过程。中国幅员辽阔，地理条件复杂，各地气候相差悬殊，
四季长短不一。因此，"四立"虽能反映黄河中下游四季分
明的气候特点，"立"的具体气候意义却不显著，不能适用

全国各地。

　　黄河中下游土壤解冻日期从立春开始；立春第一候应为"东风解冻"，两者基本一致，但作为春季开始的标志，失之过早。

　　中国气候学上，常以每五天的日平均气温稳定在 10℃ 以上的始日划分为春季开始，它与黄河中下游立春含义不符。2 月下旬，真正进入春季的只有华南。但这种划分方法比较符合实际。立春后气温回升，春耕大忙季节在全国大部分地区陆续开始。

　　（2）雨水。每年 2 月 19 日前后，太阳到达黄经 330°，为交"雨水"节气。雨水，表示两层意思，一是天气回暖，降水量逐渐增多了，二是在降水形式上，雪渐少了，雨渐多了。《月令七十二候集解》中说："正月中，天一生水。春始属木，然生木者必水也，故立春后继之雨水。且东风既解冻，则散而为雨矣。"

　　"雨水"过后，中国大部分地区气温回升到 0℃ 以上，黄淮平原日平均气温已达 3℃ 左右，江南平均气温在 5℃ 上下，华南气温在 10℃ 以上，而华北地区平均气温仍在 0℃ 以下。雨水前后，油菜、冬麦普遍返青生长，对水分的要求较高。"春雨贵如油"，这时适宜的降水对作物的生长特别重要。而华北、西北及黄淮地区这时降水量一般较少，常不能满足农业生产的需要。若早春少雨，雨水前后及时春灌，可取得最好的经济效益。淮河以南地区，则以加强中耕锄地为主，同时搞好田间清沟沥水，以防春雨过多，导致湿害烂根。俗话说："麦浇芽，菜浇花。"对起苔的油菜要及时追施苔花肥，以争荚多粒重。华南双季早稻育秧已经开始，应注意抓住"冷尾暖头"，抢晴播种，力争一播全苗。

雨水季节，天气变化不定，是全年寒潮过程出现最多的时节之一，忽冷忽热，乍暖还寒的天气对已萌动和返青生长的作物、林、果等生长及人们的健康危害很大。在注意做好农作物、大棚蔬菜及工交部门防寒防冻工作的同时，仍要注意个人的保健工作，以防止冬末春初一些易发病的流行。

（3）惊蛰。每年3月5日或6日，太阳到达黄经345度时为"惊蛰"。惊蛰的意思是天气回暖，春雷始鸣，惊醒蛰伏于地下冬眠的昆虫。《月令七十二候集解》中说："二月节，万物出乎震，震为雷，故曰惊蛰。是蛰虫惊而出走矣。"晋代诗人陶渊明有诗曰："促春遘时雨，始雷发东隅，众蛰各潜骇，草木纵横舒。"实际上，昆虫是听不到雷声的，大地回春，天气变暖才是使它们结束冬眠，"惊而出走"的原因。我国各地春雷始鸣的时间早迟各不相同，就多年平均而言，云南南部在1月底前后即可闻雷，而北京的初雷日却在4月下旬。"惊蛰始雷"的说法则与沿江江南地区的气候规律相吻合。

"春雷响，万物长"，惊蛰时节正是大好的"九九"艳阳天，气温回升，雨水增多。除东北、西北地区仍是银装素裹的冬日景象外，中国大部分地区平均气温已升到0℃以上，华北地区日平均气温为3～6℃，沿江江南为8℃以上，而西南和华南已达10～15℃，早已是一派融融春光了。所以中国劳动人民自古很重视惊蛰节气，把它视为春耕开始的日子。

唐诗有云："微雨众卉新，一雷惊蛰始。田家几日闲，耕种从此起。"农谚也说："过了惊蛰节，春耕不能歇"、"九尽杨花开，农活一齐来。"华北冬小麦开始返青生长，土壤仍冻融交替，及时耙地是减少水分蒸发的重要措施。"惊蛰不耙地，好比蒸馍走了气"，这是当地人民防旱保墒的宝贵经验。沿江江南小麦已经拔节，油菜也开始见花，对水、肥的要求均很高，应适时追肥，干旱少雨的地方应适当浇水灌溉。南方雨水一般可满足菜、麦及绿肥作物春季生长的需要，防止湿害则是最重要的。俗话说："麦沟理三交，赛如大粪浇。""要得菜籽收，就要勤理沟。"必须继续搞好清沟沥水工作。华南地区早稻播种应抓紧进行，同时要做好秧田防寒工作。随着气温回升，茶树也渐渐开始萌动，应进行修剪，并及时追施"催芽肥"，促其多分枝，多发叶，提高茶叶产量。桃、梨、苹果等果树要施好花前肥。

"春雷惊百虫"，温暖的气候条件利于多种病虫害的发生和蔓延，田间杂草也相继萌发，应及时搞好病虫害防治和中耕除草。"桃花开，猪瘟来"，家禽家畜的防疫也要引起重视了。

（4）春分，古时又称为"日中"、"日夜分"，在每年的3月20日或21日，这时太阳到达黄经0°。据《月令七十二候集解》："二月中，分者半也，此当九十日之半，故谓之分。"另《春秋繁露·阴阳出入上下 篇》说："春分者，阴阳相半也，故昼夜均而寒暑平。"所以，春分的意义，一是指一天时间白天黑夜平分，各为12小时；二是古时以立春至立夏为春季，春分正当春季三个月之中，平分了春季。

春分时节，除了全年皆冬的高寒山区和北纬 45°以北的地区外，全国各地日平均气温均稳定升达 0℃以上，严寒已经逝去，气温回升较快，尤其是华北地区和黄淮平原，日平均气温几乎与多雨的沿江江南地区同时升达 10℃以上而进入明媚的春季。辽阔的大地上，岸柳青青，莺飞草长，小麦拔节，油菜花香，桃红李白迎春黄。而华南地区更是一派暮春景象。从气候规律说，这时江南的降水迅速增多，进入春季"桃花汛"期；在"春雨贵如油"的东北、华北和西北广大地区降水依然很少，抗御春旱的威胁是农业生产上的主要问题。

"春分麦起身，一刻值千金"，北方春季少雨的地区要抓紧春灌，浇好拔节水，施好拔节肥，注意防御晚霜冻害；南方仍需继续搞好排涝防渍工作。江南早稻育秧和江淮地区早稻薄膜育秧工作已经开始，早春天气冷暖变化频繁，要注意在冷空气来临时浸种催芽，冷空气结束时抢晴播种。群众经验说："冷尾暖头，下秧不愁。"要根据天气情况，争取播后有 3～5 个晴天，以保一播全苗。春茶已开始抽芽，应及时追施速效肥料，防治病虫害，力争茶叶丰产优质。

"二月惊蛰又春分，种树施肥耕地深。"春分也是植树造林的极好时机，古诗就有"夜半饭牛呼妇起，明朝种树是春分"之句。在火热的农忙季节，要继续用自己的双手去绿化祖国山河，美化自己的环境。

（5）清明。每年 4 月 5 日或 6 日，太阳到达黄经 15°时为清明节气。《月令七十二候集解》说："三月节……物至此时，皆以洁齐而清明矣。"故"清明"有冰雪消融，草木青青，天气清彻明朗，万物欣欣向荣之意。"满阶杨柳绿丝烟，画出清明二月天"、"佳节清明桃李笑"、"雨足郊原草木柔"等名句，正是清明时节天地物候的生动描绘。

"清明前后，种瓜种豆"。清明时节，除东北与西北地区外，中国大部分地区的日平均气温已升到12℃以上，大江南北直至长城内外，到处是一片繁忙的春耕景象。"清明时节，麦长三节"，黄淮地区以南的小麦即将孕穗，油菜已经盛花，东北和西北地区小麦也进入拔节期，应抓紧搞好后期的肥水管理和病虫防治工作。北方旱作、江南早、中稻进入大批播种的适宜季节，要抓紧时机抢晴早播。"梨花风起正清明"，这时多种果树进入花期，要注意搞好人工辅助授粉，提高坐果率。华南早稻栽插扫尾，耘田施肥应及时进行。各地的玉米、高粱、棉花也将要播种。"明前茶，两片芽"，茶树新芽抽长正旺，要注意防治病虫；名茶产区已陆续开采，应严格科学采制，确保产量和品质。这时北方冷空气仍有一定势力，天气冷暖多变，应注意防御低温和晚霜冻天气对小麦、水稻秧苗和开花果树以及其他春播作物造成危害。

"清明时节雨纷纷"指的是江南的气候特色，这时常常时阴时晴，充沛的水分一般可满足作物生长的需要，令人烦恼和不能忽视的，倒是雨水过多导致的湿渍和寡照的危害。而黄淮平原以北的广大地区，清明时节降水仍然很少，对开始旺盛生长的作物和春播来说，水分常常供不应求，此时的雨水显得十分宝贵，这些地区要在蓄水保墒的同时，适时搞好春灌，以防止春旱的威胁。